Ullstein Sachbuch

Für Caroline

ZUM BUCH:

Jedem naturwissenschaftlichen Perfektionismus zum Trotz beweist Miles Kington in seinem amüsanten Buch mit echt britischem Humor, daß es genügt, jedes Phänomen in der Natur anhand von nicht mehr und nicht weniger als zehn Spezies zu charakterisieren.
Es gibt heutzutage so viele Naturführer und Bestimmungsbücher in unseren Buchhandlungen – viel zu viele findet Miles Kington – und alle mit zahlreichen Illustrationen zu Unterscheidungsmerkmalen, so daß der Leser am Ende noch verwirrter ist als am Anfang. Für alle diese Naturfreunde bietet Miles Kington einen Schlüssel dazu, wie man absolut alles in der Natur identifizieren kann.

ZUM AUTOR:

Miles Kington wurde 1941 geboren. Er lebt und arbeitet jetzt in Notting Hill. In der Zeit, in der er sich nicht mit der Natur beschäftigt, ist er als Herausgeber für die satirische Zeitschrift *Punch*, als Jazz-Rezensent für die *Times* und als Autor der populären Buch-Reihe *Let's Parler Franglais* tätig.

Miles Kington

Sag mir, wie die Blume heißt

Naturbestimmung – lächerlich einfach
Mit 49 Illustrationen von Tim Jaques

Aus dem Englischen übersetzt
und durch deutsche Beispiele ergänzt
von Hedda Pänke

Ullstein Sachbuch

Ullstein Sachbuch
Ullstein Buch Nr. 34300
im Verlag Ullstein GmbH,
Frankfurt/M – Berlin – Wien
Englischer Originaltitel:
»Nature made ridiculously simple«
Übersetzt von Hedda Pänke

Deutsche Erstausgabe

Umschlagentwurf:
Brian Bagnall
Alle Rechte vorbehalten
Mit freundlicher Genehmigung von
Hamish Hamilton, London
© 1983 by Miles Kington
© 1983 by Tim Jaques für die
Illustrationen
© der deutschen Ausgabe 1985
by Verlag Ullstein GmbH,
Frankfurt/M – Berlin – Wien
Printed in Germany 1985
Gesamtherstellung:
Ebner Ulm
ISBN 3 548 34300 7

November 1985

CIP-Kurztitelaufnahme
der Deutschen Bibliothek

Kington, Miles:
Sag mir, wie die Blume heißt . . .: Naturbestimmung – lächerl. einfach / Miles
Kington. Mit 49 Ill. von Tim Jaques.
Aus d. Engl. übers. u. durch dt. Beispiele
erg. von Hedda Pänke. – Dt. Erstausg. –
Frankfurt/M; Berlin; Wien: Ullstein,
1985.
  (Ullstein-Buch; Nr. 34300:
  Ullstein-Sachbuch)
  Einheitssacht.: Nature made
  ridiculously simple ⟨dt.⟩
  ISBN 3-548-34300-7
NE: GT

Inhalt

Einführung 7

Wie man absolut alles in der Natur bestimmen kann 12

1. Filz, Fusseln und Bodenbelag 18

2. Blumen 24

3. Pilze 30

4. Sträucher 33

5. Bäume 40

6. Vögel 46

7. Insekten mit Flügeln 51
   oder: Dinge, die sich weigern, geradeaus zu fliegen

8. Kriechendes Gewürm 57
   oder: Der Schleim-Faktor

9. Tiere 61

10. Insekten ohne Flügel, aber mit Unmengen von Beinen . . . 66

11. Dinge, die gewisse Strecken schwimmend zurücklegen . . . 70
    oder: Möglicherweise aber nicht notwendigerweise Fische

12. Schwebetierchen 74

13. Fundamentale Geologie 78

14. Leblose Objekte, die am Boden liegen 87

15. Leblose Objekte, die am Strand herumliegen 91

16. Leblose Objekte, die im Boden stecken 98

17. Wrack-, Strand- und sonstiges Gut 104

18. Leblose Dinge, die schneller fliegen als Sie rennen können . 107

19. Leblose Objekte, die weit außer Reichweite fliegen 110

Deine Freunde, die Naturliebhaber 117
oder: Menschliche Ökologie in der Landschaft

Kräuter und Gewürze 125
Ein besonderes Kapitel für zusätzliche Würze

Einführung

Dieses Buch ist ein Versuch, dem verderblichen Trend entgegenzuwirken, der in die Wege geleitet wurde, als der Herzog von Edinburgh 1965 der Veröffentlichung von Keble Martins *Concise British Flora* (Englands Flora in Kürze) seinen Namen lieh.

Ich bedauere es sehr, so beginnen zu müssen. Mir ist durchaus klar, daß es üblicher ist, einem Buch über die Natur durch das Vorwort eines Mitgliedes der königlichen Familie günstige Voraussetzungen zu schaffen, als eines dieser Mitglieder anzugreifen, doch das mußte früher oder später endlich einmal geschehen. Festzuhalten bleibt als unbestreitbare Tatsache, daß Keble Martins Buch mit seinen 1480 farbigen Abbildungen wildwachsender Blumen großes öffentliches Interesse erregte und einer wahren Flut immer ausführlicherer und umfassenderer Naturführer Tür und Tor öffnete. Aber sie alle haben – und das ist der springende Punkt – es immer schwerer gemacht, die Dinge in der Natur einwandfrei bestimmen und identifizieren zu können.

Wenn Sie zum Beispiel eine gelbe Blume finden, die wie eine Kreuzung aus Löwenzahn und Huflattich aussieht, können Sie Keble Martin zur Hand nehmen und jene Seiten durchblättern, die dem gewidmet sind, was die Botaniker *Compositae,* Sie und ich jedoch gelbe Blumen mit Anklängen an Löwenzahn und Huflattich nennen. Dort werden Sie ein Bild Ihrer gelben Blume finden. Genauer gesagt: Sie werden fünfzehn Abbildungen finden – alle absolut identisch und alle als *Hieracium* bezeichnet.

Während Sie noch die Stirn runzeln über diese gelben Ähnlichkeiten, fällt Ihr Blick auf den Hinweis Mr. Keble Martins, sich doch das Buch von Mr. H. W. Pugsley über *Hieracia* anzuschaffen. »Mr. Pugsley vermittelt darin ein erschöpfendes Bild der Gattung durch die Beschreibung von 260 Spezies. Die folgenden Schilderungen sind lediglich Auszüge ... mit kurzen Beschreibungen von 23 beispielhaften Arten.« Mit anderen Worten: Es gibt nicht nur fünfzehn Blumen, die einander gleichen wie ein Ei dem anderen; es gibt 260, die alle versuchen, Sie zum Narren zu halten.

Erschüttert kommen Sie zu der Erkenntnis, daß Sie nicht nur niemals in der Lage sein werden, ihre gelbe Blume zu identifizieren, sondern daß Sie sich da auch auf ein Gebiet begeben haben, auf dem sich ein Autor quasi dafür entschuldigt, daß er nur fünfzehn von möglichen 260 nahezu identischen Blumen präsentiert. Ich bin der Ansicht, daß Keble Martin Gewissensbisse wohl angestanden hätten, einerseits eine Vielfalt von fünfzehn Exemplaren vorzustellen, andererseits aber kein einziges mit einem leichtverständlichen Namen zu bezeichnen. Darüber hinaus wäre es mir recht und billig gewesen, demütig um Verzeihung zu bitten dafür, sein Buch als »kurz« bezeichnet zu haben, denn »kurz« ist es lediglich im Verhältnis zu Mr. Pugsleys Werk, der einer *einzigen* Blume ein *ganzes* Buch widmete. Die übrige Menschheit kann jedenfalls nichts Kurzes an seinem umfangreichen Buch mit Zeichnungen von Blumen und Blüten entdecken, die vor Ähnlichkeit kaum zu unterscheiden sind. Es ist auch nichts Kurzes an der Flut von Büchern, die Keble Martins Veröffentlichung gefolgt sind – mit oder ohne Empfehlung von Prinz Philip.

Daß Botaniker angesichts der ungeheuren Verunsicherung der Öffentlichkeit durchaus Schuldgefühle haben, zeigt ein kurzer Blick in Collins *The Wild Flowers of Britain and Northern Europe* (Die Wildblumen Großbritanniens und Nordeuropas), das 1974 erschien. Schlagen Sie dort die Seiten mit den gelben Blumen auf, und Sie finden folgendes: »Habichtskraut, *Hieracium*. Außergewöhnlich artenreiche und komplizierte Pflanzenfamilie mit Hunderten von Unterarten. Es können lediglich vier der wichtigsten Erscheinungsformen abgebildet werden.«

Nun, das läßt sich hören. Die Autoren haben sich herbeigelassen, der Pflanzenfamilie einen allgemeinverständlichen Namen zu geben. Sie haben die Zahl der Gleichartigen von fünfzehn auf vier reduziert. Und sie haben sogar entschuldigend angedeutet, daß die ganze Sache ziemlich kompliziert ist. Das ist ein Schritt in die richtige Richtung. Aber es ist ein winziger und unbefriedigender Schritt, kaum dazu angetan, all jene Leser zu beruhigen, die, ein Buch in der linken Hand und eine Blume in der rechten, mit ratlosem Ausdruck im Gesicht durch die Landschaft wandern.

Um den in den vergangenen zwanzig Jahren durch die unheilige Allianz von Kirche und Krone durch Pfarrer Keble Martin und Prinz Philip angerichteten Schaden wiedergutzumachen, bedarf es drastischer, brisanter, revolutionärer Maßnahmen. Und damit kommen wir auf das vorliegende Buch. *Sag mir, wie die Blume heißt* basiert auf den folgenden Grundsätzen, die schon allein deshalb revolutionär sind, weil sie sich auf den gesunden Menschenverstand stützen und nicht auf die Wissenschaft:

Menschen ordnen Dinge gern ein.

Man kann einfach alles bestimmen.

Naturbestimmung wird durch eine große Auswahl an Möglichkeiten nicht erleichtert – ganz im Gegenteil.

Kein Gebiet der Natur sollte in mehr als zehn Bereiche unterteilt werden.

In der breiten Öffentlichkeit besteht ein großes Bedürfnis nach einem Buch, das den Leser befriedigt zurückläßt und nicht durch die Fülle des Angebots verwirrt. Die Menschen von heute sind unzufrieden, weil sie zu viele Freiheiten haben – um Quentin Crisps Worte zu gebrauchen. (Zugegeben, er dachte dabei weniger an Naturstudien. Die Natur ist eigentlich nicht seine Sache. »Als Modell für Kunststudenten habe ich Vorurteile gegen Stilleben in jeder Form«, sagte er einmal zu mir. »Wissen Sie, die tun es umsonst.«)

Aus diesem Grund erfreute sich Edith B. Holdens Buch *The Country Diary of an Edwardian Lady* (Vom Glück, mit der Natur zu leben) so großer Popularität. Beim Versuch, die Ursachen für diesen Erfolg zu erklären, sind die meisten Menschen kläglich gescheitert. Die eher abgeschmackten Verse Edith Holdens konnten es nicht gewesen sein, auch nicht ihre banalen Beobachtungen des heimischen Wetters oder gar das attraktive künstlich vergilbte Papier. Obgleich es sich seither anbietet, Tragetüten, Notizblöcke und so weiter als gedruckte Tagebücher wiederzuverwerten, reichen braune Seiten allein noch nicht aus, einen Bestseller zu machen.

Nein, was die Leute an diesem Buch besonders anzog, war die nicht beabsichtigte Tatsache, daß ihnen damit ein Naturführer zur Verfügung stand, ein Überblick über Vögel und Blumen, mit dem sie auch etwas anfangen konnten. Die englische Lady aus dem Edwardianischen Zeitalter schrieb nicht etwa: »Heute vormittag habe ich eine Drossel gezeichnet, die Vertreterin einer von 340 Hauptarten von Drosseln, die so gut in Mr. Pugsleys Buch über Drosseln beschrieben sind.« Sie schrieb einfach: »Heute vormittag habe ich eine Drossel gezeichnet.« Es ist zwar kein großartiger literarischer Erguß, aber bei Gott, man kann sich damit identifizieren. Und Sie können die Drossel danach identifizieren.

Die Idee zu diesem Buch kam mir kurioserweise 1965, demselben Jahr, in dem Prinz Philip seine königliche Zustimmung zu Keble

Martins Buch gab. Damals lebte ich in einer kleinen Londoner Wohnung mit Gartenbenutzung. Hinten im Garten stand ein großer Baum mit rundlichen Blättern. Er sah ganz anders aus als alle Bäume, die ich kannte. Und so erstand ich ein Buch über Bäume. Es war voll von ihnen, aber keiner entsprach genau dem in meinem Garten. Allerdings kam er dem am nächsten, der im Buch als *Robinia locusta* oder Scheinakazie definiert wurde. »Es ist doch tatsächlich eine falsche Akazie«, erklärte ich meinen Freunden und Bekannten.

Wie falsch ich damit lag, fand ich im Herbst heraus, als der Baum begann, Mengen von Walnüssen auf den Rasen fallen zu lassen.

Nun ja, jeder Botaniker würde hohnvoll darüber lächeln, daß ich einen Walnußbaum mit großen Blättern und eine Robinie mit wesentlich kleineren durcheinandergebracht hatte. Doch selbst er kann nicht bestreiten, daß sich ohne Größenangabe die Blätter zum Verwechseln ähnlich sind – sie besitzen die gleiche Form, die gleiche Anordnung. Mir war nun klar, daß an dem Baumbuch – ganz egal, wie gut es sein mochte – etwas Grundsätzliches falsch war.

Und ich wußte auch, was es war. Das Buch bot mir zuviel Freiheit, zu viele Wahlmöglichkeiten. Es hätte sich auf einen Baum beschränken sollen, auf einen einzigen Baum mit der Bezeichnung »Scheinakazie oder Walnuß«.

Darum wendet sich *dieses* Buch an all jene, die durch umfassende, ausführliche Naturführer kopfscheu gemacht worden sind. Es ist für die Menschen bestimmt, die sich auskennen wollen, die keine lateinischen Namen für ganz einfache Sachen brauchen, sondern die Bezeichnungen suchen, mit denen sie anderen Leuten klarmachen können, wovon sie eigentlich reden. Ich widme es allen, die es bislang nicht einmal gewagt haben, über Natur zu sprechen.

Es ist in der Tat für Menschen wie David Barlow bestimmt. Als Vereinskameraden von »Licht, Luft und Sonne« unternehmen und reden wir viel miteinander (er unternimmt, ich rede). Auf einem unserer Ausflüge stellte ich mit Erschrecken fest, daß er nicht in der Lage war, auch nur einen Baum zu bestimmen. Zunächst machte ich ihn also auf einen älteren Baum mit weißen Blütenbüscheln aufmerksam. Er begriff schnell. Vielleicht hätten wir sogar noch weitere Fortschritte gemacht, wenn er mit der Feststellung, daß ausgewachsene Bäume Blüten tragen, nicht schon zufrieden gewesen wäre. Bis auf den heutigen Tag ist er felsenfest davon überzeugt, daß es zwei Arten von Bäumen gibt: Ausgewachsene, die blühen, und nichtausgewachsene, die das nicht tun.

Alle Bäume auf zwei Spezies zu reduzieren, ist eine hochentwickelte Denkungsart, zu der ich noch nicht ganz fähig bin, und die darüber hinaus kein sehr umfangreiches Buch ergeben würde. Daher möchte ich meinen Grundsatz Nummer vier noch einmal wiederholen.

Kein Gebiet der Natur sollte in mehr als zehn Bereiche unterteilt werden, aber auch nicht in weniger.

Es gibt eine ganze Reihe von Naturführern, die den Anspruch erheben, kurz und bündig zu sein. Aber dieser hier ist anders. Er erhebt nicht den Anspruch, kurz und bündig zu sein. Er *ist* kurz und bündig.

Wie kurz er ist, beweist schon die Tatsache, daß ich die Absicht habe, dieses Vorwort zum längsten Abschnitt des Buches zu machen.

Wie man absolut alles in der Natur bestimmen kann

Ein Schritt-für-Schritt-System

Zu Beginn ein guter Rat: Sobald Sie etwas in der Natur entdecken, das Sie bestimmen wollen, worüber Sie mehr wissen wollen, aber nicht zu viel, arbeiten Sie sich durch diesen kleinen Fragebogen hindurch. Anders als die meisten Aufschlüsselungen, die so stur wie Prüfungsunterlagen sind, ist dieser hier nett und informell; sollten Sie also mittendrin die Fährte verlieren, machen Sie sich keine Sorgen. Fangen Sie einfach noch mal von vorne an oder – noch besser, lassen Sie die Sache, die Sie bestimmen wollten, fallen und wenden Sie sich einem anderen Objekt zu.

1. Ist das Objekt lebendig oder leblos? Lebendig (siehe unter 2) Leblos (siehe unter 18). Wenn Sie glauben, es stelle sich bloß tot, stochern Sie mal ein bißchen drin herum.

Lebendig

2. Gibt es ein Lebenszeichen von sich, so ist es entweder zeitlebens ortsgebunden (eine Pflanze, siehe unter 3), oder es kann sich frei bewegen (keine Pflanze, siehe unter 8).

Nur sehr selten werden Sie an Dinge geraten, die zwar beweglich sind, aber nicht sehr frei. Mit an Sicherheit grenzender Wahrscheinlichkeit handelt es sich dann um eine angepflockte Ziege, ein verletztes Tier oder ein im Spinnennetz gefangenes Objekt. Was es auch sei – beachten Sie die Regeln des Landlebens und lassen Sie es in Ruhe; in jedem Fall handelt es sich um Privatbesitz und gehört entweder einem rabiaten Zeitungsleser, dem Tierschutzverein oder einer Spinne. Es ist aber keinesfalls eine eigenständige Spezies.

Lebendig und sesshaft

3. Lebendige Dinge, die im Boden stecken sind Pflanzen. Klassifiziert werden sie nun entsprechend ihrer Größe: unter zwei Zentimetern (siehe unter 4), von zwei Zentimetern bis zu zwei Metern (siehe unter 5), von zwei bis fünf Metern (siehe unter 6), irgendwo zwischen fünf und 6000 Metern (siehe unter 7).

4. Lebendige, ortsgebundene Objekte von weniger als zwei Zentimetern Höhe: Es handelt sich um Moose, Flechten, Algen, Rasen und so weiter. Siehe Abschnitt 1 – *Filz, Fusseln und Bodenbelag*.

5. Lebendige Dinge, die im Boden feststecken, bis zu zwei Metern Höhe: Sind sie grundsätzlich grün, siehe Abschnitt 2 – *Blumen*. Weisen sie jedoch keinerlei Spuren von Grün auf, siehe Abschnitt 3 – *Pilze*.

6. Lebendige Dinge, die feststecken und zwei bis fünf Meter hoch sind: Siehe Abschnitt 4 – *Sträucher*.

Einige Blumen schaffen es übrigens, höher als zwei Meter zu werden, man kann sie jedoch problemlos zurückschneiden, um jede Verwechslung mit Sträuchern auszuschließen.

7. Lebendige, ortsgebundene Objekte von mehr als fünf Metern Höhe: Wenn Sie nicht das unerhörte Glück haben, einer im Sumpf steckengebliebenen Giraffe begegnet zu sein: Siehe Abschnitt 5 – *Bäume*.

LEBENDIG UND BEWEGLICH

8. Lebendige, bewegliche Objekte. Wichtig: Auf welche Weise bewegt sich Ihr Objekt? Es könnte fliegen (siehe unter 9), laufen (siehe unter 12), schwimmen (siehe unter 16) oder kopfunter im Wasser treiben (siehe unter 17).

9. Lebendige, fliegende Objekte: Sie werden streng unterteilt in Dinge, die zielsicher fliegen (siehe unter 10), und Dinge, die kreuz und quer fliegen (siehe unter 11).

10. Objekte, die zielsicher und richtungsgebunden fliegen. Siehe Abschnitt 6 – *Vögel*.

11. Objekte, die es ablehnen, geradeaus zu fliegen. Siehe Abschnitt 7 – *Insekten mit Flügeln*.

12. Lebendige, laufende Objekte: Hier sind mehrere Beobachtungen vonnöten. Wie viele Beine hat das Objekt? Gar keine (siehe unter

13), zwei – dann handelt es sich entweder um einen Vogel, der sich ausruht (siehe unter 10), oder um einen anderen Naturfreund (siehe Abschnitt *Deine Freunde, die Naturliebhaber)*, vier Beine (siehe unter 14), sechs, acht oder mehr Beine (siehe unter 15).

Objekte mit drei, fünf, sieben oder neun Beinen kommen zwar auch vor, aber nur sehr selten. Zählen Sie lieber noch einmal nach.

13. Lebendige Dinge, die ohne Beine laufen: Es handelt sich hier kaum um Laufen im eigentlichen Sinne, eher um Gleiten. Siehe Abschnitt 10 – *Kriechendes Gewürm*.

14. Lebendige Dinge, die auf vier Beinen laufen: Siehe Abschnitt 9 – *Tiere*.

15. Lebendige, laufende Dinge mit sechs bis zu 1000 Beinen siehe Abschnitt 10 – *Insekten ohne Flügel, dafür aber mit Unmengen von Beinen*.

16. Lebendige, schwimmende Dinge: Üblicher-, aber nicht notwendigerweise handelt es sich hierbei um Fische. Siehe Abschnitt 11 – *Dinge, die gewisse Strecken schwimmend zurücklegen können*.

17. Lebendige Dinge, kopfunter im Wasser treibend: Eigentlich könnten sie durchaus richtig herumtreiben; da sie jedoch absolut asymmetrisch konstruiert sind, ist das nur schwer feststellbar und im Grunde gar nicht so wichtig. Beide Arten siehe Abschnitt 12 – *Schwebetierchen*.

LEBLOS

18. Leblosen Dingen wird in herkömmlichen Naturführern nur selten die Ehre der Erwähnung zuteil; ich kenne sogar einige, die kein einziges lebloses Objekt schildern. Und doch gibt es in der Natur eine reiche Vielfalt toter Materie, von der mächtigen Wolke bis zum bescheidenen Kieselstein. Entscheidende Hinweise auf die Identität geben die Fundorte. Stellen Sie also fest, ob Ihr Objekt Bestandteil des Bodens ist (siehe unter 19), auf dem Boden liegt (siehe unter 20),

am Strand anzutreffen ist (siehe unter 21), an den Boden gebunden, aber kein Bestandteil von ihm ist (siehe unter 22), auf dem Wasser treibt (siehe unter 23), fast in Reichweite fliegt (siehe unter 24) oder weit außer Reichweite fliegt (siehe unter 25).

LEBLOS, ORTSGEBUNDEN

19. Leblose Objekte, Bestandteil des Bodens. Siehe Abschnitt 13 – *Fundamentale Geologie.*
20. Leblose Dinge, die am Boden liegen. Siehe Abschnitt 14 – *Überbleibsel der Natur.*
21. Leblose Objekte, die am Strand herumliegen. Hin und wieder auch irrtümlich als Küstenfauna bezeichnet. Siehe Abschnitt 15 – *Leblose Dinge, die am Strand herumliegen.*
22. Leblose Objekte, die im Boden stecken. Siehe Abschnitt 16 – *Niederländische Ulmenseuche.*

LEBLOS, BEWEGLICH

23. Leblose Objekte, die auf dem Wasser treiben. Siehe Abschnitt 17 – *Wrack-, Strand- und sonstiges Gut.*
24. Leblose Objekte, die beinahe in Reichweite fliegen. Es scheint, als wären sie ganz leicht zu greifen, stimmt's? Siehe Abschnitt 18 – *Leblose Dinge, die schneller fliegen als Sie rennen können.*
25. Leblose Objekte, die weit außer Reichweite fliegen. Siehe Abschnitt 19 – *Wolken.*

Und damit haben Sie die ganze Natur in neunzehn einfache Kategorien aufgeteilt. Ich bin sogar davon überzeugt, daß man sie noch weiter reduzieren könnte. Allerdings habe ich drei Kategorien unerwähnt gelassen. Zwei davon können nicht illustriert, ja noch nicht einmal beobachtet werden. Dabei handelt es sich erstens um Dinge, die Sie hören, aber nicht sehen können (Heuschrecken, Spechte, Kuckucks), und zweitens um Objekte, die Sie weder hören noch sehen können (unter anderem Maulwürfe, Wühlmäuse, Forellen und Würmer, die spiralförmige Häufchen auf dem Strand hinterlassen). Ich werde sie alle in die bereits vorhandenen Kategorien einarbeiten.

Die letzte, noch nicht erwähnte Kategorie ist der Nachwuchs der einzelnen Spezies. Naturführer, besonders Vogelbücher, stiften neuerdings heillose Verwirrung, weil sie ihr Augenmerk mehr und mehr darauf richten, daß Natur im jungen Zustand wesentlich anders aussehen kann als in der ausgewachsenen Version. Das ist offenbar Bestandteil des ungesunden Trends, die Jugend, ihre Kleidung und ihre Schallplatten in den Mittelpunkt des Interesses zu stellen, und es ist höchste Zeit, dem Einhalt zu gebieten, bevor jemand auf den Gedanken kommt, einen Führer über die Natur der Punks zu veröffentlichen.

Also: Wenn Sie das Junge einer Spezies entdecken, lassen Sie sich nicht durch sein Winseln um Aufmerksamkeit hinreißen. Kommen Sie später wieder vorbei, wenn es größer geworden ist.

1. Filz, Fusseln und Bodenbelag

Gewisse Sensationsjournalisten berufen sich mitunter auf etwas, was »Treibhauseffekt« genannt wird. Damit deuten sie an, daß sich jedesmal, wenn wir eine Spraydose benutzen, chemische Ablagerungen in den oberen Schichten der Atmosphäre akkumulieren, was dann die allgemeine Temperatur auf der Erde anhebt und das Eis in den Polarregionen zum Schmelzen bringt, um schließlich Osnabrück in ein Seebad zu verwandeln.

Aber wer jemals seinen Fuß über die Schwelle eines Treibhauses gesetzt hat, weiß, daß es weitaus bemerkenswertere und bedeutendere Treibhauseffekte gibt. Einer davon ist die geheimnisvolle Anhäufung von Holzkisten, die genau in dem Augenblick, wenn wir sie hochheben wollen, in Stücke zerfallen. Ein weiterer ist die Tendenz kleinerer Blumentöpfe, fest aneinanderzukleben und genau dann zu zerbrechen, wenn wir versuchen, sie voneinander zu lösen. Am häufigsten jedoch stößt man auf die Neigung des Treibhausfußbodens, sich mit einem fusseligen Belag zu überziehen, der weder ganz tot noch lebendig zu sein scheint.

Diesen letztgenannten Treibhauseffekt trifft man auch sonst in der Natur an, im Gegensatz zu dem Holzkisten- und Tontopf-Syndrom. Der ganze Erdball ist mehr oder weniger mit derartigen Fusseln überzogen. Wenn wir davon ausgehen, daß die Natur das Leben auf dieser Erde in einer Ur-Suppe anheben ließ, sind wir mittlerweile beim Salat-Gang angelangt.

Fast unnötig zu sagen, daß dieser Abschnitt zehn verschiedene Spezies solcher Filze und Fusseln unterscheidet.

RASEN
Rasen ist der ordentlichste Bodenbelag, den es gibt. Mitunter wird behauptet, daß Gartenrasen absolut unnatürlich sei. Was für ein Unsinn! Wenn es im Garten überhaupt etwas Unnatürliches gibt, dann sind es Liegestühle, Schaukeln, Gartenzwerge und, natürlich, Treibhäuser. Rasen, was eine natürliche Mischung aus Gräsern, Klee,

Ried und Ameisenhügeln ist, kommt wild vielerorts an den Hängen des Deister, überall in Niederbayern, durchweg in der Marsch und meistens entlang der Autobahn vor. In der Tat ist wilder Rasen häufig adretter als Gartenrasen. Rasen sind Fusseln in Reih und Glied.

Moos
Moos ist schlicht unter feuchten Bedingungen um sein Wachstum bemühter Rasen. Ich kannte einmal einen Mann, der seinen Garten in einem so sumpfigen Gelände hatte, daß er das Spiel, das auf dem dort angelegten Tennisplatz gespielt wurde, Moos-Tennis nannte. Eigentlich ganz lustig, wenn es einem nichts ausmacht, daß die Bälle nicht mehr hochkommen.

Flechten
Flechten – das ist Rasen, der sich für Moos hält, oder auch Moos, das sich für Rasen hält. Wie auch immer, es ist auf jeden Fall eine vertrocknete Version von beidem und wirkt immer leblos. Flechten wachsen (oder fristen ihr Dasein) am liebsten auf Felsen, Mauern, Kirchen und jenen Baumseiten, die Island zugewandt sind, aber auch

auf Werbeplakaten für Urlaub in Schweden. Sie weisen ein weites Spektrum von fünf verschiedenen Farben auf: Rostrot, Rostbraun, Rostorange, Rostgrün und Rostfrei.

Schimmel
Unbedachterweise ist Schimmel als Wort von vornherein negativ besetzt. Meistens wächst er arglos auf denjenigen Teilen der Natur, die anderer Bewuchs der Ansiedlung nicht für wert erachtet – weiß an Land, grün am Strand –, aber gelegentlich begeht er den großen taktischen Fehler, sich in der Küche auf Dingen niederzulassen, die wir für nützlich halten: Tomaten, Champignons, Brot und dergleichen. Aber schließlich ist das zum Teil unsere Schuld, wenn wir diese Dinge so lange liegenlassen, daß der Schimmel annehmen muß, wir hätten sie über.

Wenn Sie ihn widerlich finden, halten Sie sich vor Augen, daß er auch nicht widerlicher ist als Schnee. Falls auch dies Ihren Ekel nicht verringert, machen Sie einen großen Bogen um Wälder; die meisten Bäume haben nämlich Schimmel.

Pechvögel
Das Fortpflanzungssystem der Natur funktioniert nach dem gleichen Schema, wie sich gutinformierte Kreise die Teilnahme Chinas am Dritten Weltkrieg vorstellen. 500 000 Mann werden losgeschickt, damit einer durchkommt. Mit anderen Worten: Für jeden Samen, der zu einem mächtigen Baum heranwächst, muß eine halbe Million anderer ins Gras beißen. Das heißt, sie beißen nicht wirklich ins Gras. Sie liegen unter dem Baum in einer Art Matsch herum und sind unfähig zu begreifen, daß sie nie keimen werden. Sie werden gefressen, fortgespült oder verrotten.

Das wird für wenige Tage jeden Sommer in London besonders deutlich, wenn all die Platanensamen in der City gefährlich vor den Gesichtern der Radfahrer herumwirbeln. Ich persönlich setze dann stets eine Motorradschutzbrille auf. Während der anderen Tage des Jahres benutze ich sie zum Zwiebelschneiden – sehr wirksam gegen die tränentreibenden Dämpfe dieses Gemüses.

Als es an einem heißen Sommertag inmitten einer meiner Zwiebelschneidesitzungen bei mir klingelte, öffnete ich die Tür. Ich war nur mit Shorts und Schutzbrille bekleidet; dazu wedelte ich mit dem Messer. Die Zeugin Jehovas suchte schreiend ihr Heil in der Flucht.

Ich bin vielleicht etwas vom Thema abgekommen, aber Sie werden so schnell nicht wieder auf einen Naturführer stoßen, der Ihnen sagt, wie man mit unerwünschten Missionaren fertig wird.

SEETANG

Jedes größere grüne Objekt, das sich kunstvoll um Klippen und Küstenfelsen drapiert, um Flutmarkierungen oder um Ihre Beine, wenn Sie schwimmen, kann als Seetang bezeichnet werden, obwohl ich schon immer der Meinung war, daß Seerasen ein Name wäre, der sich weit besser vermarkten ließe.
Was Seetang so auszeichnet ist die Tatsache, daß er außerhalb des Reiches der Fische und der Vögel das einzige Objekt ist, das sich auf Wanderschaft begibt. Während Sie noch denken, Seetang drifte ziellos durchs Wasser, ist er auf die ihm eigene ruhige Art schon dabei, zu einer immensen Kreuzfahrt in wärmere Zonen aufzubrechen; ins Mittelmeer vielleicht oder in die Saragossasee, um Verwandte zu besuchen und den neuesten Klatsch auszutauschen. Aufgrund eines geheimnisvollen Planes, den wir bisher noch nicht ganz durchschauen, kehrt er dann Monate später an genau denselben Punkt in der Nähe von Rantum oder Geesthacht zurück. Kein Wunder, daß er auf den Felsen rumhängt. Er ist fix und fertig.

Seine einzigen natürlichen Feinde sind Kinder, die aus ihm Wettervorhersageapparaturen machen, und die Leute in Wales, die Brot daraus backen wollen. Beide Versuche scheitern in der Regel kläglich. Falls Sie an weiteren Studien Gefallen finden sollten, gibt es zwei verschiedene Arten von Seetang: die eine können Sie zwischen zwei Fingern aufplatzen lassen, die andere nicht.

Landtag oder Dreitagebart
Dicht unter der Bodenoberfläche, etwa 0,5 Zentimeter tief, liegen gewaltige Mengen von Grassamen. Sie warten auf die optimale Mischung von Wärme und Feuchtigkeit, um keimen zu können. Unter den richtigen Bedingungen werfen sie eine Art von grünem Vieruhrschatten übers Land, sogar auf Satellitenfotos noch undeutlich erkennbar.

Dieses Phänomen ist am ehesten dem Start des New York- oder London-Marathon zu vergleichbar; Tausende von rührenden kleinen Organismen ringen um die Chance, den Gipfel des Ruhms zu erreichen. Die meisten halten nicht durch.

Kümmern Sie sich nicht weiter darum.

Kuckucksspucke
Es ist doch eigenartig, daß dem Kuckuck so viele Dinge in die Schuhe geschoben werden. Er soll nicht nur kleine Vögel aus dem Nest werfen und Leserbriefe an die *FAZ* provozieren, sondern auch spucken. Diese Schaumklümpchen an Grashalmen sind natürlich kein Kuckucksspeichel. Erstens können Vögel gar nicht spucken und zweitens werden diese Klümpchen von Bauern verursacht, die auf den Boden spucken, wenn sie nach langem Feilschen handelseinig sind.

Teichlaich
Im Frühling sind viele Tümpelränder gesättigt mit einer Art Gelee mit kleinen schwarzen Pünktchen darin. Werfen Sie die ersten 499 999 Punkte weg und behalten Sie den nächsten. Er wird sich zu einem der Glanzpunkte der Natur entwickeln, einer Kaulquappe, die so aufregend schön geformt ist wie eine Avocado. Unglückseligerweise entwickelt sie sich dann weiter zu einem der größten Fehlschläge der Natur, dem Frosch, unablässig auf der Suche nach seinem natürlichen Feind – dem Auto –, um sich von ihm zerquetschen zu lassen.

EFEU
Jede Pflanze, die an einer anderen Pflanze oder an einer Mauer oder an einer vergessenen Gartenwalze oder auch an Ihren Beinen hochklettert, falls die Legenden von der Fruchtbarkeit der Regenwälder stimmen, können wir als Efeu klassifizieren, bis Sie ein bißchen mehr Erfahrung haben. Efeu wird gewöhnlich als Schmarotzer bezeichnet, zumindest aber als Mitläufer, was beweist, wie wenig die Naturforscher die Dinge durchdenken. Hat eine Efeupflanze einen Baum total bedeckt und stirbt dieser Baum dann ab, wird der Efeu dennoch in der Form des Baumes weiterwachsen, selbst wenn dieser verrottet und verschwindet. Dasselbe gilt auch, wenn der Efeu bis zur Spitze des Baumes gelangt und ohne ihn weitermacht. Die großartigste Utopie der Efeu-Welt, ein bislang noch nicht verwirklichter ehrgeiziger Plan, besteht darin, dasselbe mit einer Kirche zu vollbringen. Gäbe es einen herrlicheren Coup als eine kirchenförmige Efeukolonie ohne Kirche darunter? Immerhin soll ein Schloß in Irland schon zu zwei Dritteln aus Efeu bestehen.

Es ist gefährlich, Efeu zu essen. Dasselbe gilt für Kirchen.

2. Blumen

Dieser Abschnitt ist ein grundsätzlicher Versuch, den Schaden wiedergutzumachen, den Naturkundler angerichtet haben, die die Dinge wahllos in Familien zusammenwürfeln. Diese Familien sind ausnahmslos auf sehr zweifelhaften Prinzipien aufgebaut, üblicherweise auf der Vorstellung, daß zwei absolut unähnliche Dinge höchstwahrscheinlich zur selben Familie gehören. Verstehen kann man das zwar in der menschlichen Gesellschaft, in der die meisten Leute ihre Zeit damit verbringen, ihr Erscheinungsbild zu verändern oder auf der Flucht vor der Verwandtschaft gewaltige Entfernungen bewältigen, aber in höheren Lebensformen wie der der Blumen ist dies unwahrscheinlich.

Naturkundler schaffen sich immer wieder selbst irgendwelche Eselsbrücken, um ihre Vorstellungen von Familien zu erklären. Hier der Originalton von Gerald Durrell in seinem Buch *The Amateur Naturalist:* »Obwohl Koniferen in gewisser Weise Blüten tragen, bestehen doch entscheidende Unterschiede zwischen Koniferenblüten und den Blüten einer ›Blütenpflanze‹, was bedeutet, daß Koniferen nicht in die Gruppe der Blütenpflanzen eingeordnet werden können. Außerdem sind nicht alle Koniferen immergrün – Lärchen zum Beispiel sind Koniferen, die ihre Nadeln im Herbst abwerfen, daher sind sie Laub-Koniferen. Und eigenartigerweise tragen nicht alle Koniferen Zapfen; der Wacholder ist zum Beispiel eine, die statt dessen fleischige Beeren trägt.«

Nun, dazu kann ich nur sagen: Ich bin froh, daß Blumen nicht lesen können. Sie wären sonst mächtig verwirrt. Die Art und Weise, wie Botaniker Blumen einteilen, erinnert mich fatal an die Art, wie Afrika von Politikern in Länder aufgeteilt worden ist.

Hier sind nun die zehn Hauptgruppen der Blumen. Sollte eine Blume der Meinung sein, sie gehöre nicht in die ihr von mir zugewiesene Kategorie, kann sie jederzeit über den Verlag Kontakt mit mir aufnehmen. Aber ich rate ihr, den Umschlag sehr genau zu adressieren, damit der nicht zu Gerald Durells Verleger gerät.

Grosser Heckenschaum
Blütezeit von Januar bis Dezember; wächst hauptsächlich in Hecken, man trifft ihn aber auch auf Feldern an, außerdem in Gräben, auf Bauernhöfen, Parkplätzen, Bahnhöfen und in Bombentrichtern. Die Pflanze erreicht eine Höhe von 0,30 bis 1,80 Meter und ist einwandfrei an ihrer Gewohnheit zu erkennen, in Kolonien von dreihundert Exemplaren oder – gelegentlich – ganz allein zu wachsen.

Die winzigen weißen (oder roten oder gelben oder blauen) Blüten befinden sich oben am Stengel und wenden sich der Sonne oder dem Gesicht des Botanikers zu. Sie sind so angeordnet, daß, wenn Sie die Blütenblätter in kreisförmiger Richtung abzählen wollen, diejenige, bei der Sie begonnen haben, ihre Position leicht verändert hat, wenn Sie wieder bei ihr angelangt sind. Ziemlich verwirrend, so aus der Nähe! Es ist wohl besser, diese Pflanze aus einem fahrenden Auto oder einem vorbeifahrenden Zug zu bestimmen.

Sehr verbreitet im Sauerland und im Weserbergland, kommt jedoch auch sonstwo häufig vor. Die Stengel sind fast ausnahmslos grün.

Stinkendes Meergemüse
Als ausschließlich küstenbewohnende Pflanze nördlicher Breiten findet man das Stinkende Meergemüse an so maritimen Orten wie Klippen, Strandhäuschen, Dünen, Yachttrailern, Park- und Golfplätzen, Unkrautasylen und in Gärten von Pensionen mit Namen »Meeresblick«. Ihr Überlebenskampf gegen Flut, Ebbe, Sand und kleine Jungen mit Namen Komm-doch-endlich-Florian läßt nur wenig Zeit zur Pflege ihres persönlichen Erscheinungsbildes, sie ist zäh, dunkelgrün, dickhäutig und ganz und gar nicht unvergeßlich.

Trotz ihres Namens hängt ihr kein besonderer Geruch an; sie sieht nur so aus, als würde sie stinken. Die Bezeichnung Gemüse hat sich eingebürgert, weil sie auch nach halbstündigem Kochen nach nichts schmeckt, und im Mittelalter als Spinatersatz gegessen wurde.

Früher konnte man das *Stinkende Meergemüse* nur während eines begrenzten Zeitraums bekommen, aber inzwischen steht ja ein reichhaltiges Angebot billiger, importierter Nahrungsmittel zur Verfügung, und es ist das ganze Jahr hindurch erhältlich.

Goldgelbe Wiesenwurz
Diese willkommene Blume, ein Vorbote des Frühlings, ist eine der ersten Blüten, die sich nach der Winterkälte hervortraut und die letzte, die sich im Spätherbst davonmacht. Aber trotz ihres einsamen

Erblühens und ihrer charakteristischen gelben, blauen, pupurfarbenen, roten, weißen oder orangefarbenen Blütenblätter ist sie nicht immer ganz leicht zu bestimmen. Die beste Methode besteht darin, die anderen neun Möglichkeiten von Spezies auszuschließen, wie man es etwa bei der Menü-Auswahl anhand einer Speisekarte tut.

Die Dichter waren schon immer recht vage in der Bestimmung der Blüten, die sie zu poetischen Ergüssen begeisterten (»Alle Blumen blühen in Moor und Heid' tralala« oder »Du bist wie eine Blume ...«), auf jeden Fall haben die ignoranten Poeten versäumt, die Goldgelbe Wiesenwurz zu erwähnen. Einige Schreiber brachten zumindest den Mut der Ehrlichkeit auf; etwa Keats, wenn er sagt: »Ich kann die Blumen nicht sehen, die mir zu Füßen stehen« – für mich klingt das wie eine todsichere Beschreibung von *Blinden-Bart*.

Es gibt da auch noch ein eigenartiges Gesicht von Robert Bridges, in dem es heißt: »Ich liebte Blumen, die verbleichen«, und das eine eher morbide Einstellung zur Botanik verrät und daher den Rahmen dieses Buches überschreitet.

BLINDEN-BART

Eine winzige Pflanze, die tief geduckt in Wiesen wächst, unter Hecken versteckt oder sonstwo, wo man sie aufrecht stehend nicht sehen kann. Die einfachste Methode, sie zu finden, ist die, mit einem Rasenmäher über vermutete Standorte zu fahren. Steht sie danach immer noch da, hat man mit Sicherheit einen *Blinden-Bart* vor sich. Was die Größe anbelangt, weist die Pflanze keine spektakuläre Blüte auf, macht das aber mehr als wett durch die Vielfalt ihrer Farben (jede Tönung ist erlaubt) und ihre Ausdauer, die höchstwahrscheinlich auf ihre Unverwendbarkeit als Bestandteil bunter Wildblumensträuße zurückzuführen ist (sie hat keinen Stengel).

Weitverbreitet im Moorland und an Hügelhängen kann sich die Pflanze jahrelang als Gras tarnen, ohne sich durch eine einzige Blüte zu verraten. Immer wieder sind Botaniker verblüfft über die Tatsache, daß sie nie größer wird – eine gewisse Zeitlang hielt sich die Theorie, daß sie es über Nacht auf knapp einen Meter Höhe bringt und ein *Großer Heckenschaum* wird. Daraufhin wurde sie auch nachts beobachtet: Offensichtlich wird sie einfach unsichtbar.

ESELSOHRIGES UNAUFFÄLLIGES NICHTS

Diese kleine und grüne Pflanze ist auf Anhieb an ihrer Gewohnheit zu erkennen, nichts anderes als klein und grün zu sein. Sorgfältigere

Betrachtung führt jedoch zur Entdeckung kleiner, grüner Klümpchen. Dabei könnte es sich a) um kleine, grüne Knospen handeln, die im nächsten Monat zur Blüte kommen werden, oder b) um kleine, grüne Samen als Überbleibsel der Blüte vom vergangenen Monat. Bisher hat sich niemand die Mühe gemacht, so lange daneben sitzenzubleiben, bis Klarheit herrschte.

Selbstverständlich besteht auch die Möglichkeit c), daß ihre Blüten kleine grüne Klümpchen sind.

Sie wächst jederzeit überall.

PRÄCHTIGE HECKEN-KLETTERROSE
In verschiedenen Landesteilen verschiedentlich auch Geißblatt oder Hundsrose oder Zaunwinde oder Zottelwicke genannt, ist dies eine herrlich bunte Blume, die bis zu zwei Meter hoch wird, aber ohne Zaun glatt auf die Nase fallen müßte. Erlebt man die *Prächtige Hecken-Kletterrose* an einem lauen Sommerabend in all ihrer Pracht, ist ihr Anblick so überwältigend, daß einem ein Kloß in die Kehle steigt und die Brust eng wird. Setzen Sie sich und nehmen Sie's leicht. Schon am frühen Morgen wird eine dieser Maschinen kommen, um den Zaun niederzuwalzen, und außer ein paar zerbrochenen Latten am Boden wird nichts mehr da sein.

GEMEINE ODER GARTEN-GAUKLERBLUME
So genannt wegen ihrer Ähnlichkeit mit einer Blume, die in nahezu überwältigender Vielfalt auf den Abbildungen der Samentüten ge-

deiht. Gewöhnlich ist ihre Bestimmung schon wegen der Versuchung einfach, bei ihrem Anblick auszurufen: »Oh, sieh mal, das ist eine kleine Art von, na, du weißt schon, diesem Zeug, das Tante Elli immer in ihrem Garten hat!« Folgt diesem Aufschrei dann noch die Feststellung, daß genügend übrigbleiben wird, nachdem man einen großen Strauß davon gepflückt hat, ist die Sache klar.

Diese Gruppe umfaßt auch gemüseähnliche Exemplare, welche in Ihnen die Überzeugung wecken, daß jemand im Fernsehen oder sonstwo behauptet hat, man könne sie ganz einfach dünsten oder roh zu Salat verarbeiten. Tun Sie das nicht. Erinnern Sie sich noch, wie lange Sie brauchten, um sich an Spinat zu gewöhnen?

Hoher Gelber Schein-Löwenzahn
Diese Blume ersetzt den Löwenzahn und die 476 anderen Blumen, die mit dem Löwenzahn identisch sind. Für künftige Ausgaben haben wir die Absicht, ihn mit der Goldgelben Wiesenwurz zu verschmelzen.

Widerwärtige Abscheuliche Stacheldistel
Aufgrund ihrer sprichwörtlichen Angewohnheit zu brennen, zu stechen, zu kratzen, weh zu tun, Beulen hervorzurufen, Laufmaschen in Nylons zu verursachen, Jacken zu zerreißen und mitunter sogar zu töten, auf jeden Fall jedoch pathologische Wutausbrüche und Tränenkrämpfe hervorzurufen, werden Sie diese Pflanze leicht entdecken, aber kaum lieben. Zu schade, die nähere Bekanntschaft enthüllt nämlich einen ganz neckischen Sinn für Humor an der *Widerwärtigen Abscheulichen Stacheldistel,* der überaus reizvoll ist.

So kann sie sich durchaus an einem lieblichen Picknickplätzchen als Blinden-Bart tarnen oder als Zweig verkleidet mitten über dem Weg von einem Baum herabhängen. Sie liebt es auch, genau auf *der* Höhe zu wachsen, wo Sie gerade eine Handvoll Goldgelbe Wiesenwurz pflücken wollen. Massenweise in Büschen, hinter Mauern oder rund um andere bevorzugte Ersatztoiletten in freier Landschaft wachsend, erreicht sie garantiert jede Höhe zwischen Sockenende und Hosenbeginn bis hinauf zum bloßen Rumpf.

Ihre eindeutig grünen Stacheln sind unsichtbar.

Gratulationskarten-Blumen
Manche Blüten sind so ansprechend und hübsch, daß der Laie das Gefühl hat, sie müßten unbedingt zu einer eigenen Familie gehören – das, was man gemeinhin Veilchen, Pfingstrosen, Primeln und so

weiter nennt. Das ist natürlich glatter Unsinn. Sie alle würden ganz leicht in eine der vorgenannten neun Kategorien passen, aber es erweist sich für mich mitunter doch als schwierig, dauerhaftem, massivem Druck zu widerstehen. Und so schaffe ich hier für die eher gefühlvollen Leser, also alle diejenigen, die nie ein Exemplar von Edith Holdens *Vom Glück, mit der Natur zu leben* gekauft haben, eine eigene Gruppe. Persönlich bedaure ich jedoch diesen Zwang auf das Äußerste: Es geht mir einfach gegen den Strich, eine Blume zu betrachten und dabei die Worte »Für einen ungewöhnlichen Menschen anläßlich seines einundzwanzigsten Geburtstages« durch meinen Kopf geistern zu hören.

3. Pilze

Nur *eine* Art Pilze wagen die Briten zu essen, und bei Giftpilzen werden sie sogar noch wählerischer. Schade eigentlich. Die Kontinentaleuropäer sind viel mutiger beim Verzehr wildwachsender Pilze. Natürlich sterben sie auch häufiger daran. Aber man kann eben nicht alles haben.

Die kleine Festland-Köstlichkeit
Sie wächst in kleinen Dosen in den Regalen renommierter Delikatessengeschäfte und kann dort völlig problemlos gefunden werden, wenn auch unter beträchtlichem Kostenaufwand. Im allgemeinen bevorzugt sie die Gesellschaft von Palmenherzen, Hummersuppe und überfälligen Dosen mit ungarischem Salat. Gebrauchshinweis: Etikett sorgfältig lesen, einen flüchtigen Blick auf das Preisschild werfen und ins Regal zurückstellen.

Der Knopfpilz
Dieser geschmacklose, uns aus den Supermärkten so vertraute kleine Bursche kommt in der Natur nicht vor. Entsprechend den EG-Bestimmungen soll er auf jeden Fall bis 1987 durch den offiziell anerkannten Grauen Delikateß-Champignon ersetzt werden. Auch der kommt in der Natur nicht vor.

Der im Morgengrauen gepflückte, taufrische Wiesenchampignon
Der Champignon, den wir alle kennen und lieben. Er ist sehr einfach zu finden, da er auf taufrischen Wiesen wächst und bereits im Morgengrauen von jemandem gepflückt wurde, der vor Ihnen dagewesen ist.

Der Telegrafenmast-Giftpilz
Ein großer grauer Pilz in Form und Größe einer Langspielplatte. Er wächst in etwa zwölf Metern Höhe über dem Erdboden in den Wipfeln abgestorbener Bäume. Überaus gefährlich. Einer reicht aus, um einen Beinbruch zu verursachen.

Der strahlendgelbe, höchst verdächtig aussehende Pilz

Einer der am häufigsten vorkommenden Pilze, ein wahrhaft sensationell aussehendes, glänzendes und hochgeschätztes Monstrum – wenn auch niemand so recht weiß, wo. Falls Sie das große Glück haben, ein Exemplar davon zu entdecken, nehmen Sie es mit nach Hause und kochen Sie es in Salzwasser. Dann lassen Sie am besten mal Ihren lieben Erbonkel davon kosten.

Der dunkelgraue, leicht verdächtig aussehende, leicht schleimige Pilz

Die billige Taschenbuchausgabe des vorher beschriebenen Objektes.

Der Sankt-Peter-Champignon

An seiner hohen Kuppel leicht zu erkennen. In dünne Scheiben geschnitten und mit einem Hauch Majoran und Knoblauch in Olivenöl gedünstet schmeckt er genauso wie ein Kalbsschnitzel provençale. Er ist tödlich giftig.

Der gemeine Teppichboden-Champignon

Dieser kleine, braune Champignon bedeckt den Boden kleiner, lichter Wälder im frühen Herbst. Seine unscheinbare, unbestimmbare Erscheinung macht ihn zu einem der weniger dekorativen Pilze;

andererseits ist er extrem pflegeleicht – energisches Abreiben mit einem feuchten Tuch etwa alle zwei Wochen reicht völlig aus, ein Staubsauger ist absolut überflüssig.

Er ist ohne Einschränkung eßbar; geschnitten und in Butter gedünstet mit einem Hauch Muskatnuß oder Muskatblüte schmeckt er genauso, wie in Scheiben geschnittener und in Butter geschmorter Teppichboden schmecken würde.

Der kleine, rotgetüpfelte Märchen-Pilz

Diese bezaubernden kleinen Pilze wachsen in den gepflegten Wäldern der oberen Mittelklasse. Sie verfügen über eine winzige Tür im Stiel sowie mindestens zwei klitzekleine Fenster im Obergeschoß und bieten einem kinderlosen Zwergenpaar als Übergangslösung durchaus ausreichende Wohnmöglichkeit. Für weitere Auskünfte wenden Sie sich bitte an Berger, Wießmann und Mair, Immobilienmakler für Taunus und Spessart mit Vertretung im Schwarzwald. Besuche ohne vorherige Anmeldung sind zwecklos.

Der handgedrehte schlanke Zigaretten-Champignon

Jener legendäre Champignon, der dem Konsumenten starke halluzinatorische Visionen vermittelt. Es ist verboten, ihn in diesem Buch zu beschreiben, aber nähere Einzelheiten stehen in jedem Zoll- und Steuerhandbuch. Getrocknet, gedreht und geraucht, verhilft er Ihnen zur Antwort auf alle großen Fragen der Menschheit. Unglückseligerweise hat er, wie alle Universallösungen, unliebsame Nachwirkungen.

4. Sträucher

Sträucher und Büsche haben in herkömmlichen Naturbüchern stets einen harten Kampf ums nackte Überleben führen müssen. Das liegt nicht etwa daran, daß die Menschen sie nicht mögen – ganz im Gegenteil, jeder mag einen hübschen Strauch, besonders, wenn es sich um einen Gartenbesitzer mit einer mißlichen Lücke handelt –, sondern weil sie eine ziemlich ungeschickte Zwitterstellung zwischen Blume und Baum einnehmen. In Blumenbüchern widmet man ihnen höchstens einen Anhang, und in Abhandlungen über Bäume wird ihnen nur murrend und notgedrungen Aufmerksamkeit zuteil. Ganz selten kommt ein Buch ganz unverblümt daher und sagt baumstark: »Ich bin ein Buch nur über Sträucher.«

In der Tat sind Sträucher so etwas wie diese Gewichtsklassen im Boxsport, die weder eindeutig schwer und athletisch noch leicht und behende sind, also eher halbe Sachen wie Super-Welter- oder Leichtschwergewicht. Oder man könnte sie mit diesen Showstars vergleichen, die zwar bekannt genug sind, um in die Shows anderer eingeladen zu werden, aber nicht so berühmt, daß sie eine eigene Show zu ergattern könnten. Oder mit Städten, die zu nahe an wirklichen Metropolen gelegen sind, um ihr eigen gerüttelt Maß an Rampenlicht zu erhalten, wie St. Albans, Baden, Marly le Roi oder Ostia. Oder auch mit... aber Sie wissen schon, was ich meine.

Tatsache ist – aber das gibt ja nie jemand zu – Tatsache ist also, daß wir tief innerlich alle der Meinung sind, Sträucher dürften eigentlich gar nicht existieren. Es sollte keine halben Sachen zwischen Blumen und Bäumen geben; nichts, das so hübsch aussieht und so angenehm duftet wie die einen, aber so groß und stark wird wie die anderen. Sträucher sind wohl, nun ja, ein wenig *eigen*. Sie sind beileibe nicht schwul oder so was, aber, wissen Sie, es ist doch ziemlich seltsam, daß sie sich nicht entscheiden können, was sie nun eigentlich sind – das ist alles, was ich dazu sagen möchte. Sie heiraten und gründen Familien, aber sind sie auch *wirklich mit ganzem Herzen bei der Sache?* Um zu beweisen, daß ich – anders als andere Naturführer – völlig vorurteils-

los bin, werde ich Sträucher und Büsche dennoch in genauso viele
Gruppen einteilen wie Blumen und Bäume.

WALLENDER BAUM
Da Sträucher und Büsche eine so zweifelhafte Gattung sind, hinkt die
Forschung über sie weit hinterher. Das erklärt, warum Worte, die in
Verbindung mit Sträuchern verwendet werden, so altmodisch klingen;
Dickicht zum Beispiel, Gestrüpp, Geäst oder wallend. Kein Mensch
sagt doch heutzutage noch »wallen«. Ich werde im Mai nach Mallorca
wallen. Oder: Ich habe ein wundervolles Restaurant entdeckt, als ich
durch Niederbayern wallte . . .

Nichtsdestotrotz haben wir den Wallenden Baum. Dabei handelt es
sich um einen Baum, der mit anderen Bäumen zusammen angepflanzt
worden ist, dann aber ein paar Meter weit reiste, um von ihnen fortzu-
kommen und sich dann zum Strauch weiterentwickelte. Da steht er
nun, ganz allein, immer ein bißchen exhibitionistisch, mit leuchtenden
Beeren, Blüten und jeder Menge anderer Make-ups.

Ehrlich gesagt, ich bin zwar so tolerant wie man nur sein kann, aber
eigenartig wirkt er doch. Finden Sie nicht auch?

AROMATISCHER VERDREHTER KÜMMERLING
Eine Art von Lederjacken-Strauch, der in Küstennähe herumlungert.
Erkennbar an seiner eindeutig schlechten Haltung und der Tendenz,
eine Schulter hängen zu lassen. Bei seinem Anblick hat man den

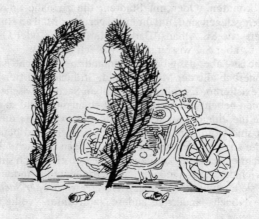

Eindruck, er habe gleich um die Ecke ein Motorrad geparkt, mit dem er am Morgen aus Hameln oder Bochum gekommen ist.

Ihm ist die Neigung eigen, von exotisch gewürzten Kartoffelchips oder fritierten Zwiebelringen zu leben. Zumindest hängen Tüten, die bis vor kurzem diesen Inhalt hatten, an seinen stacheligen, klapperdürren Zweigen. Er ist die einzig bekannte Strauchart mit Mundgeruch.

WERMUT-BÜSCHE
Den zuvor beschriebenen Pflanzen ähnlich, aber mit ausgesprochen kriminellem Ruf. An im übrigen durchaus ansprechenden Orten können ganze Banden von ihnen angetroffen werden, wo sie unschuldige Passanten verlocken und zu Streit und Hader verführen. Gewöhnlich sind sie mit furchterregenden Stacheln, Widerhaken, Kletten und Krallen bedeckt. Die Regenbogenpresse würde das natürlich auf soziale Mangelerscheinungen zurückführen. Ich werde nichts dergleichen tun, denn – wie schon betont – dies ist ein überaus tolerantes Buch.

HOLDER UND ANDERE SÜSSE FRÜCHTCHEN
Manche Büsche und Sträucher müssen die Entwürdigung erdulden, daß ihre Blüten und Früchte eigens zu dem Zweck abgerissen werden, in hausgekelterte Weine verwandelt zu werden; obwohl sie das insgeheim vielleicht sogar genießen. Sie sind auf Anhieb an den blüten- und früchteschweren Zweigen erkennbar, mit denen sie sich schmücken. Und an der Tatsache, daß wir das Wort »schmücken« verwenden, um sie zu beschreiben. Sie selbst würden wahrscheinlich nicht einmal vor Worten wie »rausputzen« oder »aufmöbeln« zurückschrecken.

Es ist eine traurige Tatsache, daß Holderbüsche am häufigsten vor Bauernhäusern anzutreffen sind, wo sie eine Art von Doppelleben führen. Nun, wie gesagt, dies ist ein tolerantes Buch, und ich erwähne das auch nur beiläufig.

Destillierapparate und das alles.

GINSTER
Ginster oder Retam oder Gaspeldorn ist die einzige Pflanze, die das ganze Jahr hindurch blüht. Wenn wir in Betracht ziehen, wie die Natur normalerweise vorgeht – ein jäher, überwältigender Aktivitätsausbruch, gefolgt von einer langen Periode des Dahinsiechens, Seufzens

und der absoluten Empfindungslosigkeit – so muß *das allein* schon den Ginster auf den ersten Blick verdächtig machen. Was weiß er, das wir nicht wissen?

Die Antwort lautet: Er hat einen sublimen Abscheu gegen die öffentliche Meinung. Er bringt rund ums Jahr gelbe Blüten und armselige, spitze Dornen hervor und schert sich keinen Deut um den Rest. Was auch immer an ihm dran ist, es ist das ganze Jahr dran. Kein Wunder also, daß man sagt: Wenn der Ginster nicht mehr blüht, kommt auch das Küssen aus der Mode.

(Ich sollte vielleicht beiläufig darauf hinweisen, daß die Küsserei noch nie so in Mode war, wie gerade jetzt. Nahezu jeder, dem ich begegne, zwingt mich dazu, ihn auf beide Wangen zu küssen, selbst wenn ich ihn gut kenne. Ich glaube, das hat alles mit dieser neumodischen Art zu tun, wildfremde Menschen mir nichts, dir nichts beim Vornamen zu nennen – besonders während dieser Plauderstunden im Fernsehen. Deshalb ein dreifach Hoch für Antoinetta Kragenfuß, die einmal in »Je dümmer die Fragen...« im Vierten schlicht Antoinetta genannt wurde und darauf erwiderte: »Mein Name ist Fräulein Kragenfuß!«

Aber vielleicht sprengen diese Ausführungen denn doch den Rahmen dieses Buches.

VERRÄTER-EICHE
Jeder Busch, der sein Leben als Baum begann, jedoch im Halbwüchsigenalter das Buschleben entdeckte und sich prompt weigerte, weiterzuwachsen. Sie können die *Verräter-Eiche* leicht daran erkennen, daß sie absolut normale Baumblätter besitzt, aber gedrungen wächst und jede Menge Schößlinge und Zweige aufweist. Das ist schon nahezu aufdringlich. Die älteren unter meinen Lesern werden sich vielleicht zu dem Hinweis genötigt fühlen: »Du solltest dir mal die Haare schneiden lassen.«

Niemand kennt den genauen Grund für dieses Verhalten. Manche Wissenschaftler vertreten die Ansicht, es handle sich um eine Art von Krankheit. Wieder andere machen allzu dominante Eltern dafür verantwortlich. Ich halte es lediglich für eine leichte Form von Travestie. Wenn sich ein Baum dann und wann als Busch verkleiden will – nun gut, soll er's. Solange es dabei bleibt...

KOMMUNALES MONSTRUM

Der häufigste Strauch in Stadtparks, Villenvierteln und Hotelvorgärten. Er verfügt über dunkelgrüne Blätter, eine schneidige Aufmachung und leicht militärisches Auftreten, so, als würde er nie ohne Überrock ausgehen. Meiner bescheidenen Meinung nach umgibt ihn etwas allzu Zackiges, und ich ziehe Sträucher vor, die ein wenig aus der Form geraten sind. Aber das sagt wahrscheinlich mehr über mich als über den Strauch aus.

TROPEN-TRAUM

Ein eigenartiges Gewächs, das nur auf der Insel Mainau oder an den Südküsten Englands an einschlägigen Promenaden auftaucht, obwohl es Mitmenschen gibt, die ihn hoch droben, im unwirtlichen Norden Schottlands gesichtet haben wollen – wo er höchstwahrscheinlich um politisches Asyl nachsuchte. Theoretisch wird davon ausgegangen, daß diese Spezies nur unter warmen, quasi tropischen Bedingungen überleben kann, obwohl ich sie ausnahmslos an regnerischen, sturmgebeutelten Standorten erblickt habe, die jeden anderen Busch in der Gegend längst hatten das Weite suchen lassen. Sie sind das Gegenstück zum italienischen Teenager, der für den Sommer auf eine Sprachenschule an der englischen Südküste geschickt wird und sich nun fragt, was um alles in der Welt er dort eigentlich zu suchen hat und warum es ihm nicht gelingt, einheimische Mädchen anzumachen.

Dieser Strauch weist fast ausnahmslos palmenähnliche Blätter oder schwertförmige Stacheln auf. In Wipfelnähe fallen sie gewöhnlich aus. Der restliche Stumpf gleicht dann dem Hals eines Geiers. Kein Wunder, daß er bei den Mädchen keine Chance hat.

Dekorativ beschildertes Gartenbau-Prunkstück

Kommt ausnahmslos in Parks vor, auf den diversen Gartenschau-Geländen in der Bundesrepublik sowie auf dem parkähnlichen Anwesen von Baron und Baronin Hubertus Hanfstangl, das einmal im Jahr im Dienste der Nächstenliebe auch der breiten Öffentlichkeit zugänglich wird, um Geld für das örtliche Seniorenheim locker zu machen. Es ist ungeheuer aufgeputzt, allzusehr getrimmt und trägt manchmal sogar ein kleines Krokodil am Halsausschnitt. Wahrscheinlich das einzige Beispiel für Natur, die mit der Mode geht und jeden Preis für Accessoires hinblättert. Es scheint aus unerfindlichen Gründen ausgesprochen zufrieden mit sich selbst zu sein.

Der letzte überlebende Busch

Begeben Sie sich ins Moor, vorbei am letzten Haus, vorbei am letzten Baum, und da, weit draußen in der einsamen Weite werden Sie ein armseliges Gesträuch entdecken, allein sich selbst überlassen. Wie tapfer, werden Sie denken; was für ein mutiges, standhaftes kleines Geschöpf – ausgerechnet dort wachsen zu müssen, wo es sonst niemand wagen würde. Wie sehr Sie sich doch irren! Es handelt sich um das letzte Überbleibsel des Waldes, der an dieser Stelle einmal gestanden hat. Dieser Strauch ist wie das Mitglied einer Rockerbande, mit dem niemand etwas zu tun haben will. Eines Tages hat es sich umgesehen und gefragt: »He – wo sind denn die anderen alle geblieben?« Bekommen Sie bloß kein Mitleid mit ihm, sonst werden Sie von seiner hoffnungslosen Innenschau angesteckt und beginnen, sich selbst auch elend zu fühlen. Der Wald muß doch schließlich einen Grund gehabt haben, sich von ihm zurückzuziehen. Fünf Millionen Bäume können sich nicht irren.

Es ist wichtig, sich daran zu erinnern, daß alle Sträucher und Büsche eine pubertäre Phase durchlaufen, mit all den Problemen und Traumata, die Jugendliche nun einmal durchmachen müssen. Die Einsicht, daß sie ihr Leben lang Halbwüchsige bleiben werden, ist ihnen noch nicht gedämmert und wird es vermutlich auch nie. Und wenn doch, werden sie damit bestimmt auf dieselbe Art und Weise fertig, wie Menschen in ähnlicher Lage auch.

5. Bäume

Bäume sind die größten und ältesten Lebewesen, abgesehen von ein paar Fernsehgewaltigen in öffentlich-rechtlichen Anstalten, werden generell mit dem Respekt behandelt, den sie verdienen – eine Gepflogenheit, von der auch ich nicht abgehen werde. Eine Untersuchung hat kürzlich ergeben, daß die Zahl der Bäume in waldreichen Gegenden seit dem Kriege keineswegs gesunken ist, wie Sie vielleicht angenommen haben. Wenn sie sich überhaupt verändert hat, dann ist sie sogar leicht gestiegen. Also verdienen Bäume nicht nur Respekt, sie sind auch durchaus in der Lage, auf sich selbst aufzupassen. Was für ein erfrischender Unterschied zur menschlichen Gesellschaft, in der alles, was Respekt verdient, unterstützt werden muß.

Der hohe Parkbaum

Dieser hohe, würdevolle, imposante Baum (er umfaßt die früheren Kategorien Esche, Eiche, Ulme und Ahorn) kann leicht daran erkannt werden, daß er hoch, würdevoll und imposant wirkt – es sei denn, es stehen zu viele beieinander. In diesem Fall wirkt der *Hohe Parkbaum* magersüchtig und reckt sich auf die Zehenspitzen. In zweifelhaften Fällen können Sie davon ausgehen, daß der *Hohe Parkbaum* im Sommer voller Blätter, im Winter jedoch nackt und bloß dasteht. Allerdings haben erfahrene Baumspäher weit besseres zu tun, als ausgerechnet im Winter auf die Baumsuche zu gehen, wenn es absolut unmöglich ist, die meisten Baumfamilien von dem inzwischen sehr häufigen Toten Baum zu unterscheiden.

Den *Hohen Parkbaum* findet man in Parks, wo er im 18. Jahrhundert von englischen Architekten oder von Fürst Pückler höchstpersönlich plaziert wurde, ebenso inmitten von Feldern, wo er Traktoren zu Umwegen zwingt, und an Großstadtstraßen, wo er die darunter geparkten Autos mit einer Art glänzendem Wachs überzieht.

DER FORSTKOMMISSIONSBAUM
Hierbei handelt es sich um einen dunkelgrünen Baum. Er wurde während des Krieges von einer weitsichtigen Regierung erfunden, und zwar als Maßnahme gegen die wirklich unansehnlich nackten Berg- und Hügelhänge, die jede Eisenbahnfahrt in den Norden so öde machten. Diese Bäume wachsen aus eigenem Antrieb in langen, ordentlichen Reihen.

Sie werfen niemals die Blätter ab.

Ein Grund hierfür findet sich in der Tatsache, daß sie gar keine Blätter haben, nur Nadeln.

Wenn die weitsichtige Regierung auch noch eine Einsatzmöglichkeit für Nadeln erfunden hätte, wäre Großbritannien jetzt eine reiche Nation und kein entwicklungsbedürftiges Land. Aber wie die Dinge nun einmal stehen, wird der ausgewachsene Baum abgeholzt und in die Seite drei der *Sun* verwandelt, was vermutlich nicht das ist, was eine weitsichtige Regierung im Sinn hatte, wenn auch kaum anzunehmen ist, daß Churchill das Wirken von Rupert Murdoch, dem wohlbekannten Immigranten, voraussahnen konnte.

Der Nachwuchs dieser Spezies tendiert dazu, auf geheimnisvolle Weise immer um den 21. Dezember herum über Nacht zu verschwinden.

DER FLUSSUFER-BAUM
Der Flußufer-Baum ist leicht zu erkennen. Er wächst immer an Ufern von Flüssen, wo er seine Zweige anmutig dem Wasserspiegel entgegenstreckt und nichtsahnende, vorbeikommende Ruderer erschreckt. Sollten Sie einen Flußufer-Baum an einem anderen Standort entdecken, gehört er selbstverständlich in eine andere Kategorie; gleichermaßen gehört jeder andere Baum, der an einem Flußufer wächst, in die hier beschriebene Gruppe. Wie Sie sehen, ist die Bestimmung von Bäumen sehr flexibel.

Häufig trägt er Kätzchen. Aber – bleiben Sie flexibel: Häufig trägt er keinerlei Kätzchen.

Kurioserweise gibt es keinen Meeressaum-Baum. Alles, was in Küstennähe wächst, aus Holz ist und Blätter trägt, ist ein Aromatischer Verdrehter Kümmerling (siehe Sträucher).

DER CHINA-IMPORT-BAUM
Viele inzwischen vertraute europäische Bäume haben ihr Dasein am Himalaja oder in den Wäldern Chinas begonnen und wären auch gut

beraten gewesen, dort zu bleiben, da sie meistens eigentümlich geformte Blätter haben, die den Laien nur verwirren. Allerdings sind sie gerade an diesem verblüffenden Laubwerk leicht zu identifizieren. Es wirkt wie Ausschuß von einem Kindergarten-Malkurs.

Ältere Botaniker geben dem China-Import-Baum komplizierte lateinische Namen wie Catalpa oder Gingko biloba. Das sollte uns nicht beirren, aber sehr verwirrend muß es auf Besucher aus China wirken, die es ja gewöhnt sind, die Bäume bei ihren richtigen Namen zu nennen.

Der *China-Import-Baum* wächst sehr langsam; in manchen Jahren scheint er sogar etliche Dezimeter zu schrumpfen. Er behält auch sein Laub länger als die meisten anderen Bäume; teils aus dem Wunsch heraus, Verwirrung zu stiften, teils auch aus atavistischer Nostalgie für die chinesischen Jahreszeiten.

Die Stech-Eiche

Das Großartigste an der *Stech-Eiche* ist die Tatsache, daß sie überhaupt nicht wie eine Eiche aussieht. Es ist vermutlich nicht einmal eine angeheiratete Eiche. Es handelt sich in der Tat um einen höchst listenreichen Baum, ähnlich wie die Marone, die Schierlingstanne oder der Stechapfel und all die anderen Bäume, die nach Pflanzen benannt sind, denen sie ganz und gar nicht ähnlich sehen.

All diese abgefeimten Bäume sind jetzt *Stech-Eichen*.

Der Kletter-Baum

Selbstverständlich handelt es sich hierbei keineswegs um einen Baum, der klettert, sondern um einen, auf den man klettern kann. Er ist an seinen niedrigen Ästen und eng beieinander stehenden Zweigen leicht zu erkennen, auch – seltener – an seiner Strickleiter und dem Baumhaus.

Sehr hilfreich bei der Bestimmung sind Kinder. Braucht der Junge eine Leiter, oder muß er gar hochgehoben werden, handelt es sich um einen *Hohen Parkbaum*. Bleibt er in halber Höhe stecken, haben Sie einen *Forstkommissions-Baum* vor sich. Kommt er gar nicht mehr herunter, handelt es sich um eine enorme, märchenhafte Bohnenranke, die in diesem Buch absolut nichts verloren hat.

Die Trauerweide

Hier ist eine glatte Fehlbenennung zu beklagen. Alle Bäume weinen ja von Zeit zu Zeit, besonders eine halbe Stunde nachdem es geregnet hat. Bei der echten Trauerweide handelt es sich eher um einen schmollenden Baum. Mit ihren hoffnungslos hängenden Zweigen trägt sie einen Ausdruck bitterer Ungläubigkeit gegenüber der Schlechtigkeit dieser Welt zur Schau. Jeder Baum, vor dem Sie das schier überwältigende Bedürfnis verspüren, ihm einen Tritt zu geben und ihn anzuschreien, er solle endlich aus seinem Schmollwinkel herauskommen, ist eine Trauerweide. Selbstmitleid ist schon schlimm genug an menschlichen Wesen, bei Bäumen wird es unerträglich.

DER AHORNBLATTFÖRMIGE BAUM
Ich möchte an dieser Stelle der kanadischen Regierung meinen tiefempfundenen Dank dafür aussprechen, daß sie als fast einzige unter den vielen Nationen der Welt so feinfühlig war, ihre Flagge mit einem Natursymbol zu schmücken – einem einzelnen, aber unverkennbaren Ahornblatt. Da hängt es nun oder flattert – ein einzelnes Blatt, das wir uns gut einprägen können, um uns stets daran zu erinnern, wenn wir es wiedersehen.

Wenn wir es das nächste Mal sehen, wird es wohl kaum an einem Ahornbaum hängen, da das vergleichsweise selten ist, sondern an einer Sykomore, einer Platane, einem Glas mit Ahornsyrup oder – auf der kanadischen Flagge. Die Platane ist der bekannteste und am häufigsten vorkommende Baum mit ahornförmigen Blättern und daher ein sehr gutes Beispiel für das Frosch-Kröten-Syndrom.

(Ich sollte das vielleicht doch erläutern, obwohl in diesem Buch kein Gebrauch davon gemacht wird: Immer wenn die Natur etwas zustande gebracht hat, was nur schwer mit etwas anderem verwechselt werden kann, dann schafft sie auf der Stelle etwas sehr Ähnliches; empfindet sie schon Leerstellen als Übel, so sind ihr unverwechselbare Spezies ein wahrer Greuel. So kann uns eigentlich nichts an einem Frosch irre machen – bis auf die Kröte. Es gibt kaum etwas Einmaligeres als ein Kaninchen – bis auf den Hasen. Nichts Vergleichbares mit dem Schmetterling – bis auf die Motte. Kaum etwas wie den Igel – bis auf das Stachelschwein und so weiter und so fort. Grillen und Grashüpfer, Brennesseln und Taubnesseln – was immer Sie wollen.

Die meisten Naturforscher rücken diesem Problem dadurch zu Leibe, daß sie geradezu pingelige Details austüfteln, ganz so, als gäbe es gar keine andere Möglichkeit, sich mit den marginalen Unterschieden zu befassen, die im Frosch-Kröten-Syndrom so treffend benannt sind. Der hier vorliegende Naturführer behandelt sie als absolut gleiche Gattung. Und das aus folgendem Grund: Wenn uns gesagt wird, zwei Dinge weisen gewisse, entscheidende Unterschiede auf, erwidern wir doch mit hundertprozentiger Sicherheit: »Aber für mich sehen sie absolut gleich aus!« Wenn uns aber gesagt wird, zwei Dinge seien absolut identisch, fangen wir sofort an, entscheidende Unterschiede an ihnen zu entdecken. Das ist ein Naturgesetz! Und nebenbei der Leitgedanke dieses zutiefst moralischen Buches, obwohl ich Ihnen das eigentlich gar nicht sagen wollte. Es wäre mir auch lieber, wenn Sie es gleich wieder vergessen würden.)

Der Obst- und Nussbaum
Nüsse sind selbstverständlich Früchte, und bei beiden handelt es sich um Samen, aber unglücklicherweise liegen Themen wie Sex außerhalb des Rahmens dieses für Familienkreise bestimmten Buches. Die hier beschriebene Kategorie umfaßt lediglich all die Bäume, die plötzlich zur Herbstzeit Früchte und Nüsse hervorbringen; sie werden von Müttern für Weihnachtsdekorationen, von kleinen Jungen für Murmelspiele und von Eichhörnchen zur Nahrungsaufnahme geplündert. Ich fürchte fast, daß alle Nüsse in Mitteleuropa für den Menschen grundsätzlich ungenießbar sind. Jedoch nicht, weil es etwa unmöglich wäre, sie zu essen, sondern weil Nüsse hierzulande unweigerlich vom Stadium der Unreife in einen moderigen, faulen Zustand übergehen. Behalten Sie darüber hinaus stets den einen Grundsatz in Erinnerung: Je schöner und appetitlicher Früchte aussehen, desto ungenießbarer sind sie.

Der unsterbliche Baum
Haben Sie auch die Nase voll von diesen neunmalklugen Journalisten, die dauernd das Wort »unsterblich« im Munde führen? Nun, mir geht es jedenfalls so. *Gandhi* mit Ben Kingsley in der unsterblichen Titelrolle... Neulich ertappte ich mich doch glatt bei dem Satz: »*Frühstück bei Tiffany:* Audrey Hepburn verspeist die unsterbliche Titelbiskuitrolle...« Da wußte ich – bis hierher und nicht weiter!

Offenbar gibt es nur wenig, was gegen so einflußreiche Leute wie Olof Palme zu machen wäre – manche Politiker schaffen es ja, sich in Vögel und Blumensträußen zu verewigen... Aber wenn schon Wellington auf Neuseeland, warum dann nicht auch Napoleon? Nun, für mich bedeutet das alles eigentlich gar kein Problem, ich habe zwar keine Unsterblichkeitsansprüche, wohl aber botanische: Ich nenne sie alle *Kingtoniae*. Und ich denke, Sie sollten mir folgen. Wenn Forsyth schon seine Forsythie bekam, Roald Dahl seine Dahlie und Bougainville seine Bougainvillea, ist es höchste Zeit für die Schmidtia und die Schulzie. Sollten Sie irgendwelche Schwierigkeiten mir Ihrem Nachnamen haben, schreiben Sie mir ein Kärtchen oder statten Sie meinen Verlegern einen Besuch ab – sie arbeiten dort, wo die kleine, kümmernde Ullsteinia in der Steinwüste Berlins dahinsiecht.

6. Vögel

DER BRAUNE HECKENVOGEL
Dieser bräunliche Vogel lebt vornehmlich in Hecken, besser gesagt: Dieser Vogel, der vornehmlich in bräunlichen Hecken lebt, ist ein Meister der Tarnung. Er kann gemeinhin nur dann gesichtet werden, wenn er mit hoher Geschwindigkeit von einer Hecke zur anderen fliegt. Dies würde ihn in die Lage versetzen, seinen Feinden zu entkommen – wenn er welche hätte. Aber kein einziges anderes Lebewesen in der Natur scheint von seiner Existenz überhaupt Kenntnis zu nehmen. Vielleicht beruht sein ausweichendes Verhalten aber auch auf einem gewissen Schamgefühl wegen seiner eher schäbigen Erscheinung. Er ist bei weitem der gewöhnlichste und langweiligste Vogel in ganz Mitteleuropa, und sein Gesang dementsprechend: lediglich ein kläglices tüüt und twiet, wie ein Klarinettist bei der ersten Unterrichtsstunde. Eine bemerkenswerte Fähigkeit hat er allerdings: In die Luft geworfene Brotkrumen verfehlt er unfehlbar.

DER VIELGELIEBTE GARTENVOGEL
Manche Laien sind immer noch davon überzeugt, daß zwitschernde und flatternde Vögel auch guter Dinge und angenehm im Umgang sind. Völlig falsch: Sie sind aufdringlich und anmaßend. Aber wir Menschen sind nun einmal weichherzig und -köpfig, und so wollen wir getrost fortfahren, diese Kreatur als den *vielgeliebten Gartenvogel* zu bezeichnen; selbst wenn er mit dem Schnabel gegen die Fensterscheibe hämmert und Ihnen bedeutet, Sie sollten gefälligst dieses verdammte Futterhäuschen draußen auffüllen, sonst... Ich persönlich sehe in ihm das Äquivalent zur *Gratulationskarten-Blume*.

PS: Obwohl kein Vogel im eigentlichen Sinne, sollte man hier vielleicht doch jenes legendäre Geflügel erwähnen, das besonders in Großbritannien heimisch ist, den sagenhaften Taschenbuch-Vogel. Diese Familie umfaßt alle Vögel, deren Namen im Englischen mit dem Buchstaben P beginnen wie Penguin, Puffin, Pelican, Kestrel und so weiter. Zweifelsohne sind sie die geschmackvollsten Vögel ganz

Großbritanniens, mitunter recht wagemutig, jedoch nie jenseits der Grenzen des guten Geschmacks. Sie sind orangefarben, grün oder blau gefiedert und im wesentlichen völlig harmlos; dann und wann geraten sie in Schwierigkeiten, aus denen ihnen herausgeholfen werden muß. Obwohl sie mitunter auch recht ermüdend sein können, kommt man doch nicht umhin, sie zu mögen, und die meisten Familien halten sich ein paar Exemplare als trauliche Hausgenossen.

In Deutschland ist vor allem die Eule als Taschenbuch-Vogel heimisch geworden.

BONNER VOGEL
Selten. Zur Zeit in Deutschland (West und Ost) nur in wenigen Exemplaren vertreten. Die bundesdeutsche Ausprägung ist etwas leichter zu beobachten. Zu den einschlägigen Sitzungsperioden – Karneval und Bundestag – im Rheinland besonders häufig. Auffällig und der Beobachtung wert sind zwei dieser Exemplare, die – obwohl aus demselben Nest stammend – verblüffend unterschiedlich ausgefallen sind. Die Ornithologenwelt fragt sich nun, welcher Vogel von beiden der Kuckuck ist: der aus Rheinland-Pfalz oder der andere ...

DER GROSSE WEISSE DICKE BÖSBLICKENDE SEEVOGEL
Sehr bekannt an allen Küsten. Er kurvt in verhältnismäßig niedriger Höhe über den am Strand liegenden Erholungssuchenden und gibt bissige Kommentare über noch unvollkommene Sonnenbräune und unmoderne Badebekleidung ab. Er entflieht landeinwärts, wenn das aufkommt, was er für schlechtes Wetter hält – soll heißen, wenn der

Wind Stärke eins übersteigt oder sich ein paar Wellen auf der ruhigen See zeigen.

Da er zum Fischefangen nicht mehr fähig ist, ernährt er sich hauptsächlich auf den kommunalen Müllhalden und ist der einzige den Wissenschaftlern bekannte Vogel mit ausgesprochen übelriechendem Atem. Abgesehen davon wirkt er mit der Welt, aber auch mit sich selbst, unerklärlich zufrieden und im Einklang.

Es gibt auch eine Inlandsversion dieses Vogels mit ähnlich auffälligem Verhalten, bekannt unter dem Namen *Großer schwarzer dicker bösblickender Landvogel*.

DIE V-FÖRMIGE RAKETE
Örtlich auch Mauersegler, Mehlschwalbe oder einfach Schwalbe genannt, handelt es sich bei diesem Vogel um den häufigsten Besucher unserer Gestade während des Sommers. Er fliegt hoch droben mit Geschwindigkeiten von bis zu 450 Kilometern pro Stunde und zwitschert schwach so gut er kann. Er fliegt viel zu schnell, um eindeutig bestimmt werden zu können, und ist allein daran schon gut zu erkennen. Wie die wesentlich selteneren Kampfflugzeuge, denen er sehr ähnlich sieht, verschwindet er gegen Ende September.

DER NUR SCHWER ZU ERMITTELNDE ZUGVOGEL
Normalerweise kein Bewohner der Bundesrepublik. Diese schwer einzuordnende Kreatur legt jedoch dann und wann Wochenend-Urlaube in der Vogelwarte von Rantum, im Wattenmeer oder sonstigen, von Fotografen geradezu überlaufenden Orten ein. Verschreckt durch das grobe, ungehobelte Verhalten dieser weniger wichtigen Beobachter kürzt er für gewöhnlich sein Wochenende ab und entschwebt wieder dorthin, woher er gekommen ist (höchstwahrscheinlich aus dem österreichischen Staatswappen).

DER UNSICHTBARE SINGVOGEL
Munter zwitschernd sitzt der *Unsichtbare Singvogel* hoch oben in einem Baum und trillert seine Botschaft aus purer Lust am Leben. Der Zuhörer, wenn er mir nur *ein wenig* ähnlich ist, reagiert darauf mit Glücksgefühlen, Wohlwollen, Gelassenheit, Verblüffung, Irritation und schließlich nahezu paranoiden Wutausbrüchen, wenn es ihm nicht gelingt, den Standort des Sängers im Baum zu orten. Der *Unsichtbare Singvogel*, der über die seltene Gabe verfügt, auch mal schweigen zu können, befindet sich natürlich im Baum nebenan.

Der gutgehängte Wildvogel

Dieser hübschgefiederte Vogel legt in den Auslagen gehobener Fleischer und Geflügelhändler in Dahlem, Blankenese und anderen Landstädten. Dort in ordentlichen Reihen hängend, wirft er nach wenigen Tagen sein Federkleid ab, um einen hageren Körper mit 7153 winzigen Knochen, fünf Schrotkugeln und 321 Gramm Fleisch zu enthüllen. Er ist nicht dafür bekannt, irgendwelche Geräusche von sich zu geben.

Der Kreuzworträtsel-Vogel

Ein erstaunlich häufiger Vogel. Er nistet vor allem in kleineren Spalten auf Rätselseiten der gehobenen Regenbogenpresse. Die bekanntesten Angehörigen dieser Familie sind Al, Ara, Star, Amsel, Aar und Moa.

Eigenartigerweise umfaßt die Familie auch alle bekannteren einheimischen Nachtvögel wie Vampire, Nachteulen und Sumpfhühner...

Der Autobahn-Habicht

Der letzte überlebende Raubvogel in Mitteleuropa kann neben Autobahnen dabei beobachtet werden, wie er in etwa zwölf Metern Höhe über dem Rasen schwebt. Reglos bis auf die schlagenden Schwingen hält er seinen stählernen Blick auf die unglückliche Beute am Boden gerichtet. Er konzentriert seinen ganzen Willen auf das ersehnte Ziel

tief drunten im Gras. Aber natürlich entdeckt die unglückliche Beute die wildschlagenden Schwingen und sucht hohnlachend das Weite. Enttäuscht trudelt der Habicht ab und begibt sich erneut in den Schwebezustand. Weiß der Geier, wie er auf diese Art etwas in den Schnabel bekommt.

Viele Benutzer der Autobahnen finden den Anblick des schwebenden Raubvogels so faszinierend, daß sie ihn traumverloren anstarren und erst auf der Gegenfahrbahn wieder zu Bewußtsein kommen.

7. *Insekten mit Flügeln*

oder: Dinge, die sich weigern, geradeaus zu fliegen

Die Natur ist zu Recht dafür berühmt, Erfindungen lange Zeit vor dem Menschen gemacht zu haben, sogar noch vor Leonardo da Vinci. Dieses Kapitel soll nun die wahre Bedeutung ihrer Glanzleistungen enthüllen, vom Würfelspiel bis hin zum Luftfahrtgepäck. Alles, was die Menschen auf dem Gebiet der Insekten erfunden haben, ist das Insektenspray. Mitunter macht es sehr bescheiden, menschlich zu sein.

Die Flugmaschinen des Ersten Weltkrieges

Die Entwicklung des Doppeldeckers wurde kurz vor Beginn des Ersten Weltkrieges begonnen, kurz nach Kriegsende aber bereits wieder eingestellt. Vermutlich lag das an der zu geringen Geschwindigkeit, oder die Passagiere hatten es einfach satt, zwischen den Stühlen, sprich Flügeln, zu sitzen. In der Natur allerdings war der Doppeldecker längst keine Neuheit mehr – es gibt ihn unter dem Namen *Einsitzige Libelle*. An schönen Sommertagen kann man diese ansprechenden kleinen Flugmaschinen bei Erkundungsflügen über feindlichem Gebiet beobachten. Sie sehen nicht besonders gut und es dürfte ihnen schwer fallen, auswertbare Luftaufnahmen zu machen, aber ihr Gehör ist bemerkenswert. Wenn Sie nur schon sagen: »Sieh doch mal da, eine Lib...« sind sie weg.

Im übrigen könnte mangelnde Geschwindigkeit heutzutage sogar sehr nützlich sein. Unsere hochentwickelten Verteidigungssysteme sind alle darauf programmiert, daß sich etwas mit ungeheurer Geschwindigkeit nähert; ein Doppeldecker würde vermutlich durchkommen, ohne überhaupt bemerkt zu werden. Aber auch dieses Thema übersteigt die diesem Buch gesetzten Grenzen. Interessanterweise ist das Flugmaschinen-Insekt allen modernen Flugzeugtypen in einer Hinsicht haushoch überlegen: Es kann die Produktion schnell und kostengünstig durch einfache Vermehrung steigern. Aber sein Paarungsritual ist so diskret, daß man es nur im Fernsehen beobachten kann.

Der fliegende Koffer-Käfer

Glänzende Hartschalenkoffer erfreuen sich in letzter Zeit zunehmender Beliebtheit bei jenen Reisenden, die sich gegen so erschreckende Plünderer wie Flughafenangestellte schützen müssen. Dieselbe Erfindung haben Käfer jedoch schon vor Jahrmillionen gemacht, als sie sich vor Vögeln schützen wollten. In der Tat kann man einen Käfer mit einem Reisenden vergleichen, der sich verschüchtert im eigenen Koffer verkriecht. Ob sich die Situation auf Frankfurt-Rhein/Main so schlimm entwickelt, daß wir eines Tages gezwungen sind, das gleiche zu tun? Wir wollen es nicht hoffen.

Die Natur ist uns natürlich mehr als nur einen Schritt voraus. Wir könnten annehmen, der Käfer sei falsch konstruiert, wenn wir ihn zappelnd auf dem Rücken liegen sehen. Aber bevor wir ihn auslachen, sollten wir uns einmal vorstellen, welche Probleme wir hätten, wenn wir in unserem eigenen Koffer eingeschlossen wären. Es ist der Käfer, der zuletzt lacht und damit am besten. Mit einem konvulsivischen Satz springt er in die Luft und landet genau auf der richtigen Seite. Wenn ich zusehen muß, wie mein Koffer hin und her geschleudert wird, mit all den längst zerbrochenen zollfreien Gegenständen darin, bleibt mir nur der Wunsch, er könnte dasselbe tun.

Darüber hinaus ist der *Fliegende Koffer-Käfer* in der Lage, jederzeit auf seinen Heimatflughafen zurückkehren zu können, vermittels einer Art eingebauten Radarsystems, das wir bislang noch nicht recht durchschauen. Mein Koffer zeigt eine ausgesprochene Begabung dafür, in Tokio oder Miami zu landen.

Einsitzige Kampfflugzeuge

Das scheint mir die treffendste Bezeichnung für all jene kleinen Insekten zu sein, die fliegen und stechen können. Auch in diesem Fall hat die Natur triumphiert, indem sie fliegende Kampfflugzeuge längst erfunden hatte, bevor die Menschen überhaupt auf den Gedanken kamen, einander mit Steinen zu bewerfen. Das einzige, womit sich die Natur gar nicht erst aufgehalten hat, ist der Schleudersitz mit Fallschirm. Aber wenn man so viele Flugzeuge in der Luft hat wie die Natur, ist es wirtschaftlich gesehen sinnlos, sich irgendwelche Gedanken über Reparatur- oder Rettungsaufgaben zu machen.

Menschen, die Freude daran haben, einzelne Flugzeugtypen zu beobachten, wird es auch Spaß machen, sich die verschiedenen Arten von Kampf-Insekten anzusehen. Da ist zum Beispiel die Wespe, die einfach alles attackiert, was da kreucht und fleucht; die Biene, die mitten im Flug an Blumen auftankt, aber nur die Kapazität eines einmaligen Vergeltungsschlages besitzt; die Kamikaze-Ameise, die einen einzigen Einsatz fliegt, um dann nach der Paarung in der Luft zu sterben (ganz im Gegensatz zu den tapferen Piloten der Weltkriege, die sich erst paarten, um dann in die Luft zu gehen und zu sterben) und die Mücke, die in der Luft am Menschen auftankt.

Die Mücke ist übrigens das einzige mir bekannte Kampf-Insekt, das Geräusche beim Fliegen macht. Es handelt sich um ein hohes Wimmern, das sofort abbricht, wenn ein Feindangriff bevorsteht. Die einzige menschliche Parallele hierzu findet sich bei einigen schottischen Hochlandregimentern, die es aber leider bisher nicht geschafft haben, sich auf Luftlandung zu spezialisieren. Ohnehin sprengt dieses Thema den Rahmen dieses Buches.

NACHT-AUFKLÄRUNGS-FLIEGER

Naturkundler können sehr ungehalten reagieren, wenn Anfänger Fledermäuse als Vögel einstufen – ganz einfach, weil Fledermäuse nun mal fliegen. Ich kann ihren Standpunkt verstehen. Doch kann *ich* wiederum sehr unwirsch reagieren, wenn die Naturkundler damit fortfahren, Fledermäuse mit Delphinen und Hunden in einen Topf zu werfen, nur weil sie denselben Warmblüter-Background haben. Die entscheidende Sache bei einer Fledermaus ist doch die, daß sie Haken fliegen kann und damit einer ganzen Reihe von Insekten wesentlich näher steht. Also für mich ist eine Fledermaus ein fliegendes Insekt, und von diesem Standpunkt werde ich auch nicht abgehen.

Haken fliegen können ist eine der großartigsten Erfindungen der Natur, was die menschliche Fliegerei noch nicht einmal ansatzweise zu kopieren begonnen hat. Wenn zum Beispiel Atomraketen in der Lage wären, so zu fliegen wie jedes x-beliebige Objekt in diesem Kapitel (ausweichend und wegduckend, schlängelnd oder emporschnellend) – sie wären durch nichts aufzuhalten! Aber auch das sprengt den Rahmen dieses Buches. Dennoch wäre es schön, wenn sich einmal jemand um dieses Problem kümmern könnte.

DER FLIEGENDE WÜRFEL

Ein weiteres Geheimnis, das die Forschung lange Zeit in Atem gehalten hat, war die Frage, warum ausgerechnet der Marienkäfer die einzige aller fliegenden Kreaturen sein soll, die so klar markiert ist wie die Luftwaffe irgendeiner lateinamerikanischen Diktatur – grelle Farben und Staffel-Erkennungspunkte. Niemand scheint auf den

Gedanken gekommen zu sein, daß es sich dabei um den hervorragenden Versuch der Natur handelt, ein fliegendes Würfelspiel zu schaffen. »Sieh mal, ich habe eine Zwei geworfen«, kann man die Natur beinahe rufen hören.

Jedenfalls können Sie mich das mitunter rufen hören. Habe ich doch einmal mit Freunden einen unbeschwerten Nachmittag im Grünen damit verbracht, Chikago mit Marienkäfern zu spielen. Ich stand kurz davor, fünfzig Pfund zu gewinnen. Mein Gegner hätte schon zweihundertundsechzig Punkte bringen müssen, um meine zwei Einsen und die Fünf zu schlagen und die fette Beute einzustreichen. Was er dummerweise prompt tat.

Nun gibt es in der Natur allerdings kaum sechspunktige Marienkäfer. Bei genauem Hinsehen entdeckten wir, daß dieser gewissenlose Lump klammheimlich einen sechsten Punkt auf den Fünfpunkt gemalt hat.

Zu traurig, daß die Sucht nach schnödem Mammon sogar in die Auslese der Natur eingreifen muß.

Stewardessen

Es gibt eine Art fliegender Insekten, so ätherisch, von so vergänglicher Schönheit, daß sie es nicht ertragen, alt zu werden und innerhalb von vierundzwanzig Stunden dahinscheiden. Mancherorts wird dieser Hautflügler als Eintagsfliege bezeichnet. Aber ich vergleiche ihn für mich privat immer mit Ilse, einer Stewardeß, die ich auf einem Lufthansa-Flug kennenlernte. Oh, Ilse, wie vollkommen du doch warst, wie absolut verheerend! Hast du auch lange genug gelebt, um noch bei einem anderen Flug die Kopfhörer ausgeben zu können? Wenn ja, hätte ich bei Gelegenheit gern einmal mein Hailey-Taschenbuch zurück.

Das Wolken-Insekt

Ein Insekt, das stets in Wolkenformation fliegt, eine Mückenwolke, sagen wir, oder eine Schnakenwolke. In beiden Fällen handelt es sich um dasselbe Insekt; es ist so klein, daß es solo nicht zu sehen wäre, daher muß es als Wolke herumfliegen. Ihr Anblick erinnert mich stets daran, wie ich in jenen schrecklichen Tagen des Jahres 1941 in den Sussex Downs stand und die Wolken von Spitfires und Messerschmitts hoch über mir beobachtete. Und als ich neulich in meinem Garten eine Mückenwolke betrachtete, die sich etwa einen halben Meter von mir entfernt befand, verblüffte mich doch tatsächlich eins dieser Tierchen dadurch, daß es plötzlich eine Rauchfahne ausstieß und mir zu Füßen stürzte – als ausgebranntes Wrack. Verdutzt beugte ich mich vor, um einen näheren Blick auf die Unglücksstelle zu werfen. Es war ein Zigarettenstummel, den mein Nachbar über den Zaun geworfen hatte.

DER RICHTUNGSLOSE UNBEWAFFNETE VIELFARBIGE KÖDER
Schmetterlinge und Falter können stets an ihrer Angewohnheit erkannt werden, so richtungslos durch die Gegend zu irren, daß sie sich selbst an der Nase herumführen und immer da landen, wo sie gar nicht hinwollten. Die nächsten Minuten verbringen sie in nachdenklichem Schweigen, versuchen erst mal herauszubekommen, wo sie eigentlich sind, und dann so zu tun, als hätten sie sowieso hierhin gewollt.

Es bleibt unbestritten, daß die Natur diese bezaubernden Wesen nur deshalb geschaffen hat, um herauszufinden, wie weit Ausweichflugtechniken entwickelt werden können. Inzwischen weiß sie die Antwort: zu weit. Es gibt buchstäblich nichts, was verdreht genug fliegen könnte, um einen Schmetterling zu fangen. Und das wiederum bedeutet nicht mehr und nicht weniger, als daß die Natur ein Waffensystem geschaffen hat, das weder aufgehalten werden noch sein Ziel treffen kann.

Eine deprimierende Vorstellung. Andererseits wären die Schmetterlinge längst ausgelöscht, würden sie geradeaus fliegen. Vielleicht hat es ja einmal eine große Familie geradeaus fliegender Schmetterlinge gegeben, die längst ausgerottet worden ist.

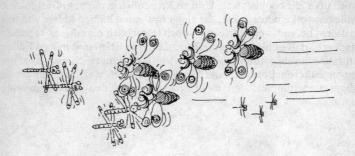

Winzige Krabbeltiere auf Blättern
Sie sind ganz leicht daran zu erkennen, daß man sie wochenlang genau beobachten kann, ohne daß sich etwas Entscheidendes tut. Und wenn man dann gerade mal blinzeln muß, verwandeln sie sich im Handumdrehen in Schmetterlinge oder andere geflügelte Insekten und fliegen davon, bevor man die Augen wieder offen hat. Berührt man sie, so rollen sie sich zu winzigen Bällchen zusammen. Falls das eine Abwehrmaßnahme gegen das Gefressenwerden ist, so gehen sie die Sache falsch an.

Manche dieser sogenannten Raupen sind sehr haarig. Manche sind sehr glatt. Manche baden am liebsten in Salatsauce.

Fliege
Alles, was im gerade abgeschlossenen Kapitel nicht erwähnt wurde, ist eine Fliege.

8. Kriechendes Gewürm

oder: Der Schleim-Faktor

Eine der bedeutsamen, um nicht zu sagen bahnbrechenden Ideen dieses Buches ist die Absage an die Theorie, daß alles in der Natur nett, manierlich und niedlich ist.

Für den wirklichen Fachmann ist alles faszinierend. Der Floh-Experte ist ebenso begierig auf Flöhe wie der Elefantologe auf Elefanten. Bücher über Wildblumen vermeiden den Ausdruck »Unkraut«, und in keinem naturkundlichen Werk wäre man je auf den Gedanken gekommen, irgend etwas als »Pest« zu bezeichnen. Deswegen ist der Naturkundler ja auch das genaue Gegenteil des Landwirtes, der fast die gesamte Welt der Natur als seinen persönlichen Feind betrachtet und mitunter wild entschlossen scheint, ihr den Garaus zu machen.

Ich teile die Haltung der übrigen Menschheit – irgendwo dazwischen. Für mich ist die Natur faszinierend, wenn auch verwirrend; aber ich ziehe einen klaren Trennungsstrich bei den schleimigen Dingen, die ich einfach für schleimig halte. Ich muß gestehen, daß ich beim Schreiben dieses Kapitels fast durchweg eine gewisse Übelkeit empfand. Man merkt hoffentlich nicht allzuviel davon, da ich sicher bin, daß für manche meiner geschätzten Leser Nacktschnecken liebenswerte kleine Tierchen sind – und ich habe absolut nichts dagegen einzuwenden.

Eklige schleimige Sachen

Auch als Nacktschnecken bekannt, sind diese liebenswürdigen kleinen Kreaturen von ihrem abstoßenden Äußeren und ihrer widerlichen Struktur so peinlich berührt, daß sie mich am liebsten in dunklen Ecken oder inmitten alter, abgestorbener Baumstümpfe verstecken, wo sie niemand sieht. Das einzige, was sie von halbgekauter Lakritze unterscheidet, sind die beiden winzigen Antennen, mit denen sie herumwackeln wie jemand, der verzweifelt versucht, das Vierte Programm hereinzubekommen. Sie haben viele natürliche Feinde, zu denen ich mich mit gewissem Stolz auch zähle.

Falls ich jemals Aufnahme im *Who's Who* finden sollte, werde ich Nacktschneckenvertilger als Hobby angeben.

Schleimige Dinge, die anständigerweise in einem Haus wachsen
Sie sind im allgemeinen als Schnecken bekannt, wenn sie durchs Gelände kriechen, und als Escargots, wenn sie ruhig auf einem Restaurantteller liegen. Ihr Sinn für Tarnung ist so unendlich schlecht ausgeprägt, daß sie lange, silbrige Spuren hinter sich lassen, denen Drosseln nur nachzugehen brauchen, bis sie die Schnecken finden und verputzen. Als Grund für ihre kulinarische Beliebtheit wird der hervorragende Geschmack nach Knoblauch, Butter und Petersilie angegeben; aber nach meinen persönlichen Erfahrungen ist das allein auf den Knoblauch, die Butter und die Petersilie zurückzuführen. Probieren Sie doch mal Schnecken ohne Kräuterbutter – sie werden bestimmt eine saftige Überraschung erleben. Deshalb bewundere ich Drosseln ja auch so.

Winzige, schleimige Sachen, die in Unmengen in alten Tabakdosen herumwimmeln
Ihr natürlicher Feind ist der Angler. Er nennt sie Maden. Er vernichtet sie, indem er sie mit einem Haken durchbohrt und sie daran im Fluß baumeln läßt, bis ein Fisch vorbeikommt, der ihnen endgültig den Rest gibt. Es scheint grausam zu sein, ein Lebewesen aufzuschlitzen, es zu ertränken und auch noch bei lebendigem Leibe dem Gefressenwerden auszuliefern – und das ist es auch. Ich kann nur vermuten, daß die Angler Maden abgrundtief hassen. Es muß so sein, denn sie geben nicht einmal vor, daß die Made die Sache insgeheim genießt.

Mitunter verfängt sich unglückseligerweise auch der Fisch am Haken. In diesem Fall wird ihn der Angler sofort befreien und so schnell wie möglich ins Wasser zurückbefördern. Die Made haßt er, nicht den Fisch. Ich kann ihn nur zu gut verstehen.

Lange dünne, schleimige Dinger
Gelegentlich wird angenommen, Charles Darwin habe sein ganzes Leben nur mit dem Stadium der Evolution verbracht, statt dessen hat er lange Jahre dem Studium der Würmer verwandt und ist zu dem Schluß gekommen, daß ihre Tätigkeit im Erdboden das Beste ist, was ihm – dem Boden – passieren konnte. Ich werde mich für den Augenblick also jeglicher mißliebiger Bemerkungen über sie enthalten.

Dennoch werfen Darwins Theorien gerade in letzter Zeit eine Unmenge Fragen auf (das hat etwas mit der hundertsten Wiederkehr seines Todestages zu tun, vermute ich); daher behalte ich mir das Recht vor, Würmer unter Umständen doch nicht zu mögen – nur für den Fall, daß sie sich letzten Endes doch als asozial herausstellen sollten.

GROSSE LANGE SCHLEIMIGE SACHEN
Schlangen sind nicht wirklich schleimig, wie jeder bestätigen wird, der jemals eine Schlange auf den Knien geschaukelt hat, wie es mir einmal im Kinderzoo von Duisburg passiert ist – eine Erfahrung, von der ich nie glaubte, daß sie mir noch einmal nützlich sein könnte. Nichtsdestotrotz würden die meisten Menschen, die ihre fünf Sinne beisammen haben, eher meilenweit rennen, als eine Schlange auf den Knien zu schaukeln.

Und genau daran können Sie diese bezaubernden, netten Wesen erkennen – an *Ihrem* plötzlichen Drang, einige Meilen zwischen sich und die Schlange zu legen, ein Urinstinkt übrigens, der in uns ebenso tiefverwurzelt ist wie der Freudenschauer beim Anblick eines Regenbogens oder der Impuls, sich umzudrehen und in die Gegend zu starren, wenn jemand hinter Ihnen ruft: »Achtung, ducken!« Vergessen Sie aber bitte auch nicht, daß alle Schlangen ein ähnliches Bedürfnis nach Distanz haben, wenn sie Menschen sehen; *sie* haben eine tiefsitzende Abneigung gegen große, nichtschleimige, zweibeinige Sachen.

Das erscheint mir ein für beide Seiten befriedigendes Arrangement zu sein, und gegenseitiges Auf-den-Knien-Schaukeln wäre in diesem Falle nur eine dieser sinnlosen vertrauensbildenden Maßnahmen.

DAS LANGBEIN
Das einzige flugtüchtige Lebewesen, dessen Beine länger sind als seine Flügel. Naturforscher fragen sich immer wieder verblüfft, warum das so ist. Für mich ist die Sache klar: Es handelt sich um eine Abschreckungsmaßnahme. Wenn sich seine natürlichen Feinde daran machen, es zu verspeisen, geben sie sich schon nach dem ersten absolut geschmacklosen, fleischlosen Bein auf. Besser ein Bein ab, als alles verlieren.

KLEINE GLIBBRIGE SACHEN AUF DEM BODEN
Wenn Sie ein (ansonsten unbestimmbares) matschiges Objekt am Boden finden sollten, beruhigen Sie sich mit der Gewißheit, daß es lediglich auf den Moment wartet, an dem ihm Beine und Flügel wachsen, um davonzufliegen. Gelegentlich wird das als Wunder der Natur bezeichnet. Falls damit gemeint sein sollte, es sei ein Wunder, daß vor dem Start niemand daraufgetreten ist, stimme ich voll zu.

Der Wechsel vom Zustand kompletter Ruhe in den unbegrenzter Bewegungsmöglichkeiten mag zwar bei der Entwicklung eines Flugobjektes etwas eigenartig erscheinen, aber schließlich verfahren die Menschen ja auf dieselbe Art und Weise. Unsere Flugkörper können jahrelang im Entwicklungsstadium herumliegen, um dann, häufig genug, ganz aufgegeben zu werden. Wie dem auch sei, die Gründe dafür sprengen den Rahmen dieses kleinen Buches.

DIE MANFRED-MAUSER-WANZE
Der kürzlich so tragisch verstorbene Manfred Mauser hat mir von einem Wesen berichtet, das ausnahmslos im Inneren von Telefonapparaten lebt und sich dort vom Saft der Transistoren und ähnlichem ernährt. Offenbar kann es nirgendwo anders existieren. Wo hat es nur gelebt, bevor Alexander Graham Bell den Transistor entwickelte? Aber um noch weiterzugehen, es muß auch Organismen geben, die nur in Transistorradios leben (hier allerdings stocktaub), in elektrischen Toastern (hitzeresistent) und in Haartrocknern (fähig, auch immensen Windstärken zu widerstehen). Weitere Nachforschungen wären vonnöten, wenn auch nicht von mir.

Aufmerksamen Lesern könnte auffallen, daß dieser Abschnitt im Gegensatz zu den anderen nur acht Grundtypen aufweist. Verzeihen Sie, aber gegen Schluß war ich einer Ohnmacht nahe und mußte schnell zum Ende kommen. Ich hoffe, meine Leser werden Verständnis dafür haben.

9. Tiere

Das einheimische Tierleben war ehedem natürlich viel eindrucksvoller, als noch wilde Eber, Säbelzahntiger, Mammuts, Rotwild, Drachen und so weiter durch unsere schier unendlichen Wälder streiften. Dies fand jedoch ein abruptes Ende zu einem Zeitpunkt, der unterschiedlich mit dem Ende des Mittelalters, der Erfindung der Flinte und dem Beginn der Rotationsromane definiert wird. Der eigentliche Grund war das Verschwinden unserer großartigen Wälder, die von schmierigen Baulöwen heimgesucht wurden und von Druckern auf der Suche nach genug Papier für Karl Mays ungeheuren Ausstoß.

Von den größeren Vierbeinern sind lediglich Rehe und Hirsche übrig. Die kleineren haben überlebt, weil niemand sie der Jagd für wert hielt. Allerdings sind auch sie in Ermangelung größerer Beute inzwischen begehrenswert; genau wie wacklige Scheunen, ehemals Wohnquartier für Federvieh oder vielleicht einen Knecht, der sonst nirgendwo mehr unterkam, inzwischen begehrte Mittelklassebehausungen sind. Womit wir wieder einmal leicht über den Rahmen dieses Buches hinausgeraten wären.

ROTWILD

Es gibt zwei charakteristische Arten von Rotwild: Parkrotwild und das für die königliche Jagd.

Parkhirsche sind auf Anhieb erkennbar, da sie mit beträchtlicher Anmut und taktischer Raffinesse immer so unter Parkbäumen posieren, daß sie sich Fotografen und Landschaftsschützern stets von der Zuckerseite zeigen. Mitunter macht man sich nicht klar, daß das Rotwild jeden Abend von Lastwagenkonvois eingesammelt und am nächsten Morgen von Wildhütern wieder ausgesetzt wird. Sollten die Herden ausdünnen, wird ihre Zahl durch lebensähnliche aber künstliche Imitationen aufgepolstert; ich kenne wenigstens ein Herrenhaus am Tegernsee, in dessen Park jedes Reh, jeder Hirsch inzwischen aus Pappe ist und obendrein auch noch sehr gepflegt aussieht.

Rotwild für die königliche Jagd lebt in den Bergen Schottlands, wo es von Zeit zu Zeit dazu ausersehen ist, mit Salven aus den Flinten der königlichen Familie zur Strecke gebracht zu werden, was gewöhnlich alles außer Fußballskandalen von den Titelseiten der britischen Presse verdrängt. Aber die Kritiker derartigen Treibens sollten sich vor Augen halten, daß alle englischen Königsfamilien im Lauf der Zeit durch Attentate, Bomben, Hinrichtung oder die Heirat mit kontinentalen Königshäusern zur Strecke gebracht worden sind. Sie kennen nur diese Lebensart; an der sie nichts Ungewöhnliches finden.

FÜCHSE
Füchse haben die zunehmend feindlichere Umwelt nur deshalb überlebt, weil sie sich en masse nach Frankfurt begeben haben, wo sie entschlossen und hartnäckig vor und im Zoo demonstrieren, um in einem der Filme von Bernhard Grzimek kleinere Rollen zu erhalten. Kaum ein Tierfreund oder Tourist mit Schmalfilm- oder Videokamera kann einen Schritt tun, ohne von den Füchsen behelligt zu werden, die ihre Künste im unbewaffneten Kampf zeigen oder gar provozierend mit Manuskripten herumfuchteln. Man hört sogar, daß einige allzu theatralische Füchsinnen am frühen Abend mit Lidschatten und affektiertem Gehabe aufgefallen sein sollen. Ein geschockter Mitarbeiter von Professor Grzimek schwört, einen eindeutigen Antrag von einer großen Silberfüchsin erhalten zu haben. Im Augenblick kann ich ihn dazu nicht befragen, er befindet sich wegen Überarbeitung auf Urlaub in Kenia.

TIERE, VON DENEN SIE VIELLEICHT ANGENOMMEN HABEN, SIE SEIEN ZAHM
Etliche Tiere, die sich normalerweise rund ums Haus aufhalten,

können auch in absolut wildem Zustand angetroffen werden, etwa der *Deutsche Schäferhund* auf Baustellen und der legendäre niederbayerische Hamster. Aber das einzige, was Sie höchstwahrscheinlich zu Gesicht bekommen werden, ist das Wildpony, eine überaus intelligente Kreatur, die absolut nicht einsehen will, warum sie einen Menschen auf dem Rücken herumschleppen soll.

Kürzlich habe ich mich mit einem Bauern in der Lüneburger Heide unterhalten, der versucht hatte, Wildponys zum Zwecke des Pony-Trekking zu zivilisieren – allerdings nur mit wenig Erfolg. Die Urlauber waren es bald leid, lange Strecken zu Fuß zurücklegen zu müssen, nur um ein paar wilde Ponies davonlaufen zu sehen. Er plant, seinen Boden im nächsten Jahr wieder zu kultivieren, z. B. in der traditionellen Landwirtschaftsform in der Heide, dem Übungsgelände. Er hat dieserhalb an führende Militärs geschrieben und bereits eine wohlwollende Antwort von Oberst Ghadafi erhalten.

Angesichts der Frage: Wohin mit der Ponyüberbevölkerung? hat er sich alternierend zu einem Jahr Ponyjagd und einem Jahr Ponyschießen entschlossen. Das kann nur Menschen schockieren, die Bauern nicht allzugut kennen. (Siehe Abschnitt: Deine Freunde, die Naturliebhaber.)

KAMELE

Kamele, viele Jahre hindurch in Mitteleuropa nur sehr spärlich vertreten, sind neuerdings vielerorts zu finden – für meinen Geschmack gibt es jedoch immer noch nicht genug. Mein Arzt ist zwar dagegen und neuerdings sogar der Gesundheitsminister, aber ich kann's einfach nicht lassen...

Tiere, die sich langsam unter Strassen bewegen

Hierbei handelt es sich hauptsächlich um Dachse und Maulwürfe. Die konventionelle Art, sie voneinander zu unterscheiden, beruht auf der angenommenen Tatsache, daß der eine groß und weiß, der andere aber klein und schwarz ist. Wenn wir mal einen der beiden zu Gesicht bekämen, könnte sich das als sehr nützlich erweisen, aber das werden wir nicht. Nein, der entscheidende Unterschied zwischen ihnen ist der, daß die Menschen Dachse sympathisch finden und Maulwürfe nicht. Überhaupt nicht. (Sehr eigenartig, da Dachse mit Sicherheit aggressive Biester, Maulwürfe aber absolut friedfertige Tiere sind.) Das erklärt die Tatsache, daß immer, wenn eine neue Autobahn einen Dachspfad schneidet, die Behörden ein paar Millionen mehr ausgeben müssen, um einen Dachstunnel unter die Autobahn zu legen. Maulwürfe erhalten keine Tunnel; sie bekommen Dynamitstäbe in ihre Maulwurfshügel gesteckt.

Auch das ist sehr eigenartig, denn Maulwürfe leben gar nicht unter ihren Hügeln. Das sind lediglich Aushubhalden, die sie zurücklassen, nachdem sie Tunnel für ihre Nahrungsvorräte gebuddelt haben. Tatsächlich leben Maulwürfe überhaupt nicht unterirdisch, sie fressen lediglich dort. Aber die Bauern führen einen regelrechten Kleinkrieg gegen ihre Gewohnheit der Nahrungsmittelbevorratung, so daß den Maulwürfen kaum noch Zufluchtsorte bleiben – es sei denn, unter der Autobahn. Und genau das ist der Grund, davon lasse ich mich nicht abbringen, daß unsere Autobahnen immer mehr zerbröckeln. Würden wir den Maulwürfen Futter statt Dynamit geben, könnten wir die Kosten für Instandsetzung und Erhaltung von Autobahnen auf einen Schlag drastisch senken, und all das Geld sparen, das wir für den Bau von Dachstunneln ausgeben. Mir ist durchaus bewußt, daß auch dieses Thema den Rahmen dieser Ausgabe sprengen könnte.

Ausreisser von Bauerngehöften, Zirkusunternehmen und dem Werbefernsehen

Einige Landesteile sind geradezu überlaufen von Tieren, die es vorgezogen haben, aus der Gefangenschaft in geräumigere Behausungen umzuziehen. Ganz unterschiedlich werden sie als Nutrias, Pumas, Lamas, Vicuñas und dieser Fernseh-Seehund bezeichnet, aber die meisten sind wahrscheinlich nur Nerze. Es bedarf schon einer gewissen Erfahrung, sie zu erkennen, aber jedes Tier, das Sie an Heinz Sielmann denken läßt oder zu der Frage drängt: »Entschuldige, aber habe ich dich nicht schon mal irgendwo im Fernsehen gesehen?« ist mit an Sicherheit grenzener Wahrscheinlichkeit ein Ausreißer; es sei denn, es handelt sich um Robert Lembke.

Tiere, die sich zu langsam auf Strassen bewegen
Der zerquetschte Igel war in den siebziger Jahren und Anfang der achtziger Jahre das Kulttier schlechthin. Er zierte mehr Karikaturen als jede andere wildlebende Tierart und war wohl auch zum großen Teil verantwortlich für den Erfolg der Grünen. Er scheint inzwischen im Abnehmen begriffen zu sein. Unklar ist jedoch noch, ob er wirklich abnimmt oder ob die Überlebenden gelernt haben, Fußgängerbrücken zu benutzen.

Tiere, die sich schnell über Strassen bewegen
Es ist völlig sinnlos, den Versuch unternehmen zu wollen, zwischen Hermelin, Frettchen, Wiesel, Marder und so fort unterscheiden zu wollen. Dafür bewegen sie sich viel zu schnell. Mit ihren messerscharfen Zähnen können sie innerhalb von fünf Sekunden einen Autoreifen zerfetzen oder eine Benzinleitung durchtrennen und tragen daher wesentlich zur Sicherheit auf den Straßen bei.

Kleine Vierbeiner, die Sie zum »Oh«-Sagen veranlassen
In diese Kategorie gehören alle Tiere wie Haselmäuse, Kaninchen, Eichhörnchen und Frösche.

Kleine Vierbeiner, die Sie zum »Iii«-Sagen veranlassen
Und in diese alle anderen wie Wühlmäuse, Spitzmäuse, Ratten und Kröten.

10. Insekten ohne Flügel, aber mit Unmengen von Beinen

Jedes gewöhnliche Naturbuch wird Ihnen weismachen wollen, daß Insekten ausschließlich Kreaturen mit sechs Beinen sind, von denen es ungefähr eine Million Spezies gibt (oder 6 000 000 Beine insgesamt). Das ist doch einfach lächerlich; es wäre theoretisch möglich, sich eine Million Insekten eines nach dem anderen anzusehen, um keines zu finden, das einem anderen gleicht.

Wenn Sie das Prinzip begriffen haben, das diesem Buch zugrundeliegt, werden Sie sofort einsehen, daß eine Bandbreite von einer Million Spezies zu groß ist und um 5 999 990 reduziert werden muß, und daß man das mit den Beinen nicht so sehen sollte. Nehmen wir also einen neuen Anlauf, damit wir es schnell hinter uns haben.

SECHSFÜSSLER
Ein sechsbeiniges Insekt. Das hintere Beinpaar benutzt es zum Antrieb, das mittlere zum Steuern und das vordere zur gegenseitigen Reinigung.

ACHTFÜSSLER
Das zusätzliche Beinpaar des Achtfüßlers wird dazu benutzt, Opfer aus dem Netz zu lösen, damit sie filetiert, mittels eines Zweiges flachgeklopft und in mundgerechte Portionshappen zerteilt werden können.

VIERZEHNFÜSSLER
Im Grunde genommen ein Achtfüßler mit eingebauten Sicherheitsgurten. Wirtschaftlich, sparsam in der Stadt und leicht zu reinigen. Das bekannteste Modell auf den mitteleuropäischen Straßen ist die Bohrassel. Ihre vierzehn Beine und die gepanzerten Kotflügel geben ihr das Recht, als Krustentier angepriesen zu werden.

Hundertfüssler
Wie sein Name schon andeutet, hat er etwa dreißig Beine. Bei Standardmodellen befinden sich fünfzehn davon auf der einen und fünfzehn auf der anderen Seite. Allerdings ist es auch möglich, daß Sie Sonderanfertigungen mit anderer Anordnung begegnen.

Tausendfüssler
Ein Insekt mit siebzig Beinen, fünfunddreißig auf der einen Seite und ebenso vielen auf der anderen. Sie könnten unter Umständen annehmen, daß es erst die fünfunddreißig auf der einen und dann die fünfunddreißig auf der anderen Seite benutzt. Sie würden irren. Würde es das tun, müßte es andauernd stolpern. Eher neigt es dazu, seinen Beineinsatz in Wellen anlaufen zu lassen, was dann so ähnlich aussieht, wie ein schlecht organisierter Massenstart bei einem Volkslauf.

Millionenfüssler
Ein Millionenfüßler hat so viele Beine (etwa einhundertunddreißig), daß der hintere Teil seines Körpers den Hang dazu hat, die Vorderseite einzuholen – aus reiner Nervosität, so weit von der Kommandozentrale entfernt zu sein. Gelegentlich gerät er auch in Panik und trampelt sich dann selbst zu Tode.

Zigfüssler
Das meistbeinige Insekt, das bislang bekannt ist. Es weist etwa fünfundneunzig Beine an jeder Seite auf und verfügt somit über die stattliche Gesamtzahl von einhundertundneunzig. Gelegentlich kann das Vorderteil dabei beobachtet werden, wie es sich genüßlich zu einem kleinen Schlummer zusammenrollt, während das Hinterteil

unverdrossen, aber müde und hungrig, weiter aufs Lager zumarschiert. Seine Länge versetzt es in die Lage, mitunter auf ein fremdes Insekt im Busch zu stoßen und es anzugreifen, bevor es bemerkt, daß es sich ins eigene Hinterteil beißt. Aufgrund dieser trüben Erfahrungen setzt es sich normalerweise hin und wartet geduldig ab, bis ein eindeutig fremdes Insekt vorbeikommt, etwa so, wie ein Auto vor einem Bahnübergang.

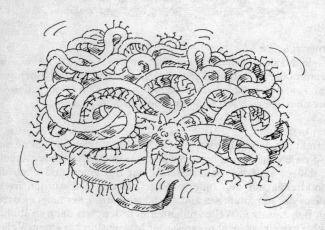

VOLKSKÄFER
Auch als germanisches Rieseninsekt bezeichnet. Hat als einzige Spezies fünf Beine, wobei das fünfte eine noch ungeklärte geheimnisvolle Rolle bei der Fortbewegung spielt. Der Volkskäfer führt es nämlich im Maul herum, wo es auch sei. Jedesmal, wenn ich bei einer Motorpanne die Haube meines Volkskäfers öffne, lacht mir rund und prall das fünfte Bein entgegen.

Früher diente der Volkskäfer tausend Jahre lang vorwiegend zum Transport von mit Uniformen Uniformierten; später wuchsen ihm die beiden Augen am Rücken zu einem einzigen zusammen, und heute findet die rostige Antikversion vor allem bei mit langen Haaren und Lederjacken Uniformierten Verwendung.

Füssling
Wenn Sie mich fragen – der Füßling ist für mich das angenehmste aller Insekten: wärmend, schützend, bewahrend. Welch andere Spezies dieser krabbelnden Familie könnte das von sich behaupten.

Palindrom
Ein eigenartiges Wesen, das sich – rückwärts buchstabiert – Mordnilap liest.

11. Dinge, die gewisse Strecken schwimmend zurücklegen können

oder: Möglicherweise aber nicht notwendigerweise Fische

Dieser Abschnitt befaßt sich ausschließlich mit im Süßwasser schwimmenden Objekten. Geht es um Salzwasser, so suchen Sie bitte Ihren Fischhändler auf. Er wird schweigend auf die Schautafel an seiner Wand deuten. Das heißt jedoch nicht, daß er von Ihnen erwartet, Sie würden die Tafel kaufen, obwohl ich nach etwa zehnminütigem kostenlosem Studium einen kleinen Prolongations-Obulus anbieten würde.

LACHS
Wir sollten den Lachs gleich als ersten hinter uns bringen, da er von allen maritimen Lebewesen den kompliziertesten Lebenszyklus hat, zumindest aber den überfülltesten Terminkalender. Er besucht mehr Orte und wechselt den Namen häufiger als jeder Terrorist. Ich halte zwar nichts von der RAF, finde jedoch, daß Lachs-Armee ein treffender Spitzname wäre.

Der Lachs beginnt sein Leben als Ei im Herzen des herrlichen Schwarzwaldes zwischen kahlen Bäumen und Heide am Feldberg. Ist er alt genug, ein paar Längen schwimmen zu können, bewegt er sich flußabwärts dem Meer zu. In diesem Stadium wird er als »blank« bezeichnet, was schon einmal sehr verwirrend ist, weil auch Jung-Aale so genannt werden. Aber gerade jetzt ist für den Lachs einfach alles verwirrend; muß er doch nicht nur den Übergang von Süß- zu Salzwasser bewältigen und dabei Höhenunterschiede von mehreren hundert Metern hinter sich bringen – in seinem Leben gerät der Lachs in größere Höhen als viele Vögel –, sondern er muß auch feststellen, daß die Menschen an der Nordseeküste einen ganz anderen Dialekt haben.

Im Meer angekommen, unterwirft er sich ein paar Einführungszeremonien, wie dem Herumschwimmen um Ölplattformen und Stippvisiten in Norwegen, um dann – zeitweise als Hering – um die halbe Welt zu ziehen. Und dann, getrieben von irgendeinem unerforschlichen Instinkt, der uns im Moment noch verschlossen ist, wandert er den ganzen Weg wieder zurück in den gleichen Fluß oder zumindest einen, der ihm sehr ähnlich ist. Dort kommt er gerade rechtzeitig wieder an, um die Urlaubssaison zu eröffnen und seine Eier (oder Lachs-Mousse) zu legen. Er begibt sich danach für eine besondere Abschiedsvorstellung wieder ins Meer, nur um schon wenige Monate später wieder zurückzukehren und eine kleine Seniorenwohnung unter einem Stein zu beziehen, wo er dann und wann zu Babysitterdiensten herangezogen wird. Er beendet seine Tage als eine Scheibe besten grönländischen Räucherlachses.

Er kann sehr leicht am wilden, gehetzten Ausdruck seiner Augen erkannt werden, den er auch auf dem Block des Fischhändlers nicht verliert.

DER STICHLING
Der Stichling ist ein kleiner, erzieherisch wertvoller Fisch, der in großen Mengen von den Bildungsministerien gezüchtet wird, um gerade rechtzeitig vor den Schulprüfungen in Biologie in die Bäche und Flüsse Europas gesetzt zu werden. Er ist der einzige Fisch, der lange genug still hält, um in allen Einzelheiten mit Stift oder Pinsel festgehalten werden zu können.

AAL IN GELEE
Eine Art von Wasserschlange. Dieser Aal sondert ein Gelee ab, das ihn dazu befähigt, völlig problemlos durchs Wasser gleiten zu können. Er wird ausschließlich im East End von London und in Altona angetroffen und ist völlig ungenießbar.

GEMEINER FISCH
Verschiedentlich bekannt als Weißfisch, Plötze, Döbel oder Junker verfügt der *Gemeine Fisch* über einen groben, lärmenden Humor und liebt es, ins Wasser zurückgeworfen zu werden. Zu diesem Behufe klammert er sich buchstäblich und immer wieder an alles, was in sein Element hineinhängt. Er ist für diesen Zweck wie geschaffen, da er aus grobem, sackleinwandähnlichem Material besteht, das nicht nur überaus haltbar, sondern darüber hinaus auch noch wasserabstoßend ist. Und ungenießbar. Verschiedentlich bekannt als Butt, Lude oder Schlepper, ist er leicht an seiner freimütigen Gewohnheit zu erkennen, dem Beobachter zuzuzwinkern, Fratzen zu schneiden und die Zunge herauszustrecken. Bekannt als Stint, Kilt, Welpe, Skalp oder Furz ist er der einzig bekannte Fisch, der in der Nase bohrt.

KROKODILE
Uns so vertraut als halb untergetauchter Baumstamm in afrikanischen Flüssen oder doch zumindest aus Filmen über afrikanische Flüsse, werden Krokodile in mitteleuropäischen Gewässern nicht größer als ungefähr elf Zentimeter und ähneln daher eher halb untergetauchten Zweigen. Mit einem einzigen Zuschnappen ihrer mächtigen aber winzigen Kinnladen können sie Blut aus einem kleinen Finger saugen oder einen Zeh ganz schön bös anlutschen.

Sie sind keine Eingeborenen hiesiger Strände, sondern Flüchtlinge aus einheimischen Krokodilfarmen, wo sie gezüchtet werden, um aus ihrer Haut entzückende Croco-Etuis für Kontaktlinsen herzustellen. Mariniert und bei schwacher Hitze im Ofen gebacken geben sie eine köstliche, wenn auch geringfügig zähe Cocktailknabberei ab. (Aber vergessen Sie nicht, zuvor die Kontaktlinsen zu entfernen.)

SCHWERER-ALS-LUFT-INSEKTEN, VÖGEL, TIERE UND SO WEITER
Diese Schwimmer haben eigentlich recht wenig mit Fischen gemein. Genau genommen sind es gar keine Fische. Ein fliegender Fisch ist schließlich auch kein Vogel. Dennoch könnten Sie während Ihrer Tauchexpeditionen einen vorbeiflitzen sehen. Hierzu nur einen bescheidenen Hinweis: Stellen Sie sich vor, wie überrascht Sie wären, schwämme eine Ente oder ein Otter vorbei – einen ebensolchen Mordsschreck können Sie ihm einjagen.

SCAMPI
Eins der drei ermüdendsten Gesprächsthemen, die sich in Restaurants, Fischgeschäften oder auch am Ufersaum ergeben, dreht sich um die Frage, ob das Ding, das wie eine Garnele (das einzige Lebewesen, dessen Schnurrbart länger ist als seine gesamte Anatomie) aussieht, nun eigentlich eine Krabbe, eine Langustine, ein Flußkrebs, ein norwegischer Hummer, ein Kaisergranat oder Scampi ist. Was ist daran schon wichtig? Sie schmecken doch alle gleich, dank der cremigen, gewürzten Sauce, in der sie ertränkt werden. Ich persönlich ziehe Champignons à la Grecque oder geräucherte Makrele dem Bries im Bierteig vor.

Die zweitermüdendste Unterhaltung in Restaurants ist dem Problem gewidmet, welches Tier sich hinter dem Bries versteckt oder, genauer, welche Teile von welchem Tier.

Das drittermüdendste Gespräch behandelt die Einzahl des Wortes Scampi. Der Singular von Scampi ist Krabbe.

Fischstäbchen

Über den Lebenslauf eines Fischstäbchens ist bedauerlicherweise nur wenig bekannt. Aber es scheint als winziges Rechteck zu beginnen, nicht größer als ein Fingernagel und von grauer Farbe. Es ernährt sich von geriebenen Semmeln. Wenn es seine Maximalgröße von acht Zentimetern erreicht hat, nimmt es die vertraute, goldbraune Farbe an und kriecht in eine Schachtel, um sich fortzupflanzen und zu sterben.

Breitling

Jeder Fisch, der in keine der oben genannten Kategorien eingeordnet werden kann, muß als Breitling angesehen werden, neben der Krabbe der in Mitteleuropa am häufigsten verbreitete Fisch. Laut EG-Norm soll er bis 1988 durch den *Längling* ersetzt werden, der bereits in den meisten Fischgeschäften unter den Namen Dorsch, Kabeljau, Rotbarsch, Seelachs und so weiter angeboten wird.

Fisch im Aszendenten

Fisch im Aszendenten ist, wie Aal in Gelee, ungenießbar. Genaugenommen ist er eher eine Schicksalsfrage, die man umgehen kann, wenn man sein Geburtsdatum geringfügig ändert, falls man betroffen ist. Erkundigen Sie sich bei einem Astrologen oder besser noch bei einem Experten für Wiedergeburt. Die meisten davon leben allerdings in Indien und sind nur schwer erreichbar, weil sie gerade eine Weltfriedenstournee absolvieren.

Trösten Sie sich notfalls mit Wassermännern, die auf dem Trocknen sitzen.

12. Schwebetierchen

Langbeiniger Wasserläufer
Sehen Sie wie der geschickte, langbeinige Wasserläufer über den Teich oder Fluß huscht? Jedes Hindernis vermeidet er instinktiv, weicht jedem räuberischen Vogel oder Fisch aus, der vielleicht nach ihm schnappen könnte. Er kennt sich gut aus auf diesem Gewässer, und seine scheinbar unbeholfenen Bewegungen strafen seine innige Liebe zum Wasser Lügen.

Wochenend-Wasserflitzer
Sehen Sie das farbenfrohe Lebewesen über Teich und Fluß flitzen? Es bumst gegen jedes Hindernis und überfährt die Hälfte aller Insekten, denen es auf seinem Weg begegnet. Das ist der Wochenend-Wasserflitzer, ein anmaßendes kleines Lebewesen, das sich nur an jedem vierten Wochenende aufs Wasser begibt und eine unmittelbare Gefahr für die einheimische Bevölkerung darstellt, da es völlig unbedarft in der Navigation und unzulänglich ausgerüstet ist. Gelegentlich werden Wochenend-Wasserflitzer hilflos aufs Meer hinausgetrieben, aber nicht oft genug.

Motorisierter Wasserflitzer
Hören Sie doch, wie dieser laute, aber ungewöhnlich schnelle kleine Wasserflitzer über den unglücklichen Teich oder Fluß flitzt. Sehen Sie, wie er jedes andere Lebewesen in Angst und Schrecken versetzt und kleinere Schwebetierchen glatt durchschneidet. Und jetzt! – Schauen Sie zu, wie er am gegenüberliegenden Ufer aufprallt und in tausend Stücke zerspringt.

Luftsee-Rettungswasserflitzer
Mit etwas Glück haben Sie vielleicht Gelegenheit, ein dürres Fluginsekt langsam aus drei Metern Höhe herabsinken zu sehen, wobei es sich ähnlich unbeholfen und verquält bewegt wie ein Hubschrauber. Der Flitzer hat unten auf der Wasseroberfläche ein Insekt in Nöten

entdeckt. Mit unendlicher Sorgfalt berechnet er die Windströmungen und landet genau auf seinem zappelnden Opfer, um es vor einem nassen Grab zu bewahren. Dann frißt er es auf.

ALLEIN-UM-DIE-WELT-WASSERFLITZER
Wenn Sie einmal den regen Verkehr beobachten, der da summend und brummend auf und über jedem x-beliebigen Fluß oder Strom stattfindet – kreuz und quer zwischen den Ufern und hin und her zwischen den Felsen, werden Sie mitunter auch ein Schwebetierchen entdecken, das zielsicher und entschlossen dem Flußlauf folgt. Es läßt keinerlei Absicht erkennen, an einem der Ufer zu landen. Die einzig mögliche Erklärung, der sich inzwischen auch die Wissenschaftler angeschlossen haben, ist die, daß es auf einer Fahrt um die Welt ist. Viel Glück, alter Junge.

HAUSBOOT-WASSERFLITZER
Einige Schwebetierchen bleiben ganz genau da, wo sie nun einmal sind – den ganzen Tag, jedenfalls länger, als es sich der Durchschnittsbenutzer dieses Buches leisten kann, stillzusitzen und abzuwarten. Das kann daran liegen, daß sie tatsächlich da wohnen, so wie jemand auf einem Hausboot auf dem Emscherkanal. Recht ungewiß ist jedoch, wie sie sich ernähren. Vermutlich ist der Steuermann gerade an Land gegangen, um Milch und Brot zu holen, wurde jedoch von einem Freund abgefangen, der ihn zu einem netten kleinen Bier verschleppt hat.

I.K.B.-WASSERFLITZER
Ein anderes Schwebetierchen, das die Wasserszene auf Teich oder Fluß, Kanal oder Strom belebt, ist das schnellfliegende kleine Ding, das man gelegentlich mit ungeheurem Tempo vorbeiflitzen sieht. Nie landet es, nie bremst es ab und niemals taucht es wieder auf. Das ist der Interkontinentale Ballistische Wasserflitzer, der rund um die Uhr im Abwehrauftrag ist. Gott sei Dank ist bislang noch keiner losgegangen, aber Sie können mitunter Löcher im Flußufer entdecken und daran erkennen, wie groß selbst die Aufschlagkraft eines I.K.B.-Wasserflitzers ohne Sprengkopf ist.

URLAUBS-WASSERFLITZER
Als Verwandter des Wochenend-Wasserflitzers erscheint dieses Schwebetierchen nur im Sommer. Es zieht die Flüsse hinauf und

hinunter und prallt alle fünf Zentimeter gegen das Ufer, um sich rückwärts wieder abzustoßen. Es läßt eine lange Spur von Abfall hinter sich.

SMOLENSKER WASSERFLITZER
Auch bekannt als Flußagent, lauert dieses furchterregende und absolut tödliche Schwebetierchen scheinbar unsichtbar an der Wasseroberfläche, um dann plötzlich an Land zu stoßen, irgendein hilfloses Opfer gefangenzunehmen, mit sich zu schleppen und zu töten. Mitunter spielt dieser Flitzer mit seinem Opfer bei seinem sogenannten Verhörritual, aber danach tötet er es sowieso.

FÄHRFLITZER
Was würden Sie tun, wenn Sie ein Insekt wären und ein Gewässer überqueren wollten, aber weder fliegen noch schwimmen noch schweben können? Ja, Sie können rund herum laufen; aber was, wenn es sich um einen Fluß oder Strom handelt? Ja, Sie können auf einen Ast springen, um auf ihm zur anderen Seite hinüber zu treiben; aber wenn nun kein Ast zur Verfügung steht? Tja, dann springen Sie eben ganz einfach auf den Fährflitzer, der unablässig zwischen den beiden Ufern hin und her fährt.

Dummerweise gibt es nur sehr wenige Insekten, die tatsächlich von einem Ufer zum anderen wollen. Deswegen macht der Fährflitzer ja auch so schlechte Geschäfte, selbst in den Sommermonaten. Mit großer Wahrscheinlichkeit wird er in absehbarer Zeit Konkurs anmelden müssen. Die Natur boykottiert nicht nur Fährpreismonopole, sie ist auch erbarmungslos gegenüber veralteten Investitionen.

13. Fundamentale Geologie

Die Geologie ist jener Zweig der Naturgeschichte, der behauptet, alles unter Ihren Füßen sei entweder eruptives oder nichteruptives Gestein. Mit anderen Worten: Die Geologie ist die einzige Wissenschaft, die versucht, die Natur in Raucher- und Nichtraucherabteile einzuteilen. Sie tut das, indem sie die beiden folgenden Sätze bei jeder sich bietenden Gelegenheit wiederholt:

»Dieses Gestein bildete sich zur Zeit der Bodenerhebung der Erdkruste und wurde unter ungeheurem Druck gestaut, gefaltet, gehoben und gesenkt, um am Ende die komplexe Formation zu schaffen, die wir heute vor uns sehen.«

»Dieses Gestein bildete sich innerhalb eines Zeitraumes von Jahrmillionen durch die Ablagerungen von winzigen Meeresorganismen auf dem Boden der Seen, die sich dort befanden, wo heute zum Beispiel die Britischen Inseln oder der Schweizer Jura liegen, und wurden seither von weiteren Schichten überlagert, um die komplexe Formation zu schaffen, die wir heute vor uns sehen.«

Im Klartext: Geologen geraten in höchste Verzückung über Vorgänge, die sich vor Millionen von Jahren abgespielt haben, zeigen aber nicht das geringste Interesse für die Spuren, die heutzutage herumliegen. Das ist doch genauso, als würde ein Gärtner sagen: »Sie hätten in der vergangenen Woche hier sein sollen. Da war der Garten in einem prachtvollen Zustand. Ich fürchte, heute sieht er einfach abscheulich aus.«

Um dieses Desinteresse zu verschleiern, nehmen sie Zuflucht zu etlichen Tricks mit dem Ziel, den Außenseiter für ihr Fachgebiet zu interessieren. So nennen sie zum Beispiel einfach alles »Gestein«, selbst wenn es sich lediglich um Sand oder klitschigen Lehm handelt. Außerdem malen sie ihre geologischen Karten in den leuchtendsten Plakatfarben und klatschen die wundervollsten Formen übers Land. Sie geben ihren Steinen erregende oder poetische Namen wie »eiszeitlicher Geschiebelehm«, »dichter, weicher, dunkler Serpentin« oder »Mineral mit metamorpher Kontaktzone«. Und sie drucken aufregende Schautafeln mit erklärenden Beschriftungen wie: »Kreidezeit – große Seen entstehen überall in Großbritannien – Millionen von Meeresorganismen abgelagert – Erfindung der Angelrute – In Afrika halbtags geschlossen.«

Nichts davon hält einer noch so flüchtigen Überprüfung stand. Steine haben überhaupt keine leuchtenden Farben – sie zeigen ausnahmslos die Farbtönungen des Kunstgewerbes, also Braun, Braungrau, Graugrau, Graubraun und Schmutziggelb. Niemals sehen sie so aus wie ihre Namen klingen, und der Himmel möge jeden bewahren, der sich etwa auf die Suche nach etwas macht, was so aussehen könnte wie »pistazienfarbiger Epidot«. Und – am allerschlimmsten! – natürlich gehören Steine, die einander ähnlich sehen wie ein Ei dem anderen, wie üblich zu ganz verschiedenen Familien; während sich Kiesel, die Sie und ich aus meilenweiter Entfernung als absolut unverwandt erkennen, stets als Granit entpuppen, der während seiner Produktionsphase verschiedenartigen Farb- und Konservierungsstoffen ausgesetzt gewesen ist.

Sie und ich können damit absolut nichts anfangen. Wir brauchen lediglich herauszufinden, was das hauptsächliche Gestein der Gegend ist, in der wir uns gerade befinden. Und glücklicherweise gibt es da eine optimale Methode, auf die meines Wissens bisher kein Buch über Geologie zurückgegriffen hat: Begeben Sie sich stracks zur nächsten Kirche und schauen Sie nach, aus welchem Material sie erbaut worden ist.

In der guten alten Zeit wurden Kirchen stets aus einheimischen Steinen errichtet. Das hat mich dazu bewogen, alle geologischen Ablagerungen als »Kirchstein« zurückzustufen. Die Vorzüge dieses Vorgehens liegen auf der Hand. Kirchen befinden sich in der Regel oberhalb der Erdoberfläche – also keine schmuddelige Buddelei nach Steinstückchen. Kirchstein wurde stets von erfahrenen Fachleuten gebrochen und verarbeitet – also keine Gefahr, irrtümlich das falsche Material einzusammeln. Kirchen sind kein so verwirrendes Puzzle wie der Boden, auf dem sie stehen. Kirchstein ist Geologie, der die Qualen genommen sind.

Sollten Sie an einheimischer Geologie interessiert sein, halten Sie sich an die folgenden Regeln.

1. Suchen Sie sich eine gute, solide aussehende Kirche oder, noch besser, eine Kirchenruine.
2. Holen Sie Ihren Hammer und Ihren Meißel hervor.
3. Brechen Sie ein ordentliches Stück heraus.

4. Nehmen Sie es mit nach Hause.
5. Bestimmen Sie es.

Ein Wort der Warnung: Kathdralen, Münster und Dome sind für unsere Zwecke leider völlig unbrauchbar. Sie wurden stets aus protzigem Importgestein erbaut, das auf langen, beschwerlichen Wegen in großen Mengen herangeschafft wurde. Abbrüche am Kölner Dom würden Ihnen sicherlich eine Menge über die Bodenbeschaffenheit von Schleitdorf (neuerdings auch Londorf) erzählen, aber deswegen fahren Sie schließlich nicht nach Köln. Ich jedenfalls nicht.

Zudem sind Kathedralen gewöhnlich gut bewacht, während kleine Dorfkirchen nur von den üblichen Messingputzern und Dekorateuren aufgesucht werden, die neue Blumen in die Altarvasen stellen. Sollten Sie wider Erwarten doch einmal von einem Pfarrer zur Rede gestellt werden, zeigen Sie ihm die folgende Bescheinigung. Sie sollte Wunder wirken.

*Von der Gesellschaft für ungehinderten Zugang
zu bäuerlichen Kirchen*
An den Pfarrer, den es gerade betrifft
Hallo! Heute unternahm ich, der Unterzeichnende, den Versuch, Ihre bezaubernde kleine Kirche zu besuchen, fand sie jedoch fest verschlossen. Jetzt bemühe ich mich um einen neuen Zugang. Ich hoffe, das findet Ihre Zustimmung.

Gott zum Gruß!

Wenn Sie die Bereitschaft erkennen lassen, kein Loch in die östliche Mauer zu stemmen, wird Ihnen der Pfarrer im allgemeinen ein kleines Stück Kirchstein überlassen, erleichtert darüber, daß nichts Schlimmeres geschehen ist.

KIRCHSTEIN
Die zehn hauptsächlichen Arten

ELBSANDSTEINGEBIRGS-SANDSTEIN
Vielleicht der hübscheste aller deutschen Kirchsteine. Er ist auf Anhieb erkennbar an seiner weichen, hellgelben Farbe und dem angenehm warmen Gefühl, das er Ihnen vermittelt, aber auch an dem Anstoß, mit dem er Sie zu dem Ausruf veranlaßt: »Wissen Sie, die gemütliche deutsche Landschaft gibt es immer noch. Man muß nur wissen, wo!«

Und dann drehen Sie sich peinlich berührt nach dem 250-Meter-Schlot hinter sich um.

Ein hervorragender Test für echten Elbsandstein-Kirchstein ist es, wenn Sie aus genügendem Abstand mit Ihren Händen einen rechteckigen Rahmen um die Kirche bilden und sie sich dadurch genau betrachten. Wenn Sie sich vorstellen können, daß darunter alle Tage des März mit den Mondphasen aufgeführt sind und darüber die besten Grüße fürs Neue Jahr von der Autowerkstatt Pfister in Schwäbisch-Gmünd, dann handelt es sich mit Sicherheit um Elbsandstein. Aus diesem Grund wird er auch mitunter als *Kalenderstein* bezeichnet.

Und als letzte Prüfung schnuppern Sie mal daran. Er müßte ganz schwach nach Kaffee und Sandtorte duften.

BIERSTEIN
Ein unauffälliger, bescheidener Stein, überall verbreitet; gewöhnlich hell oder hellbräunlich oder bräunlichgrau oder soßenbraun oder bräunlichgrün oder Max-von-der-Grün oder jede andere erdverbundene Farbe. Er wird im Norden Deutschlands ebenso gefunden wie im Süden, wo er in manchen Gegenden den *Starken Kulmbacher Braunen* ersetzt hat und umgekehrt. Es ist nichts besonders Aufregendes am Bierstein, aber auch nichts Unerfreuliches.

Bierstein wurde vor Jahrmillionen gebildet durch Ablagerungen von Hefe, Wasser, Malz und Staub. Mitunter enthält er eine versteinerte Zitronenscheibe (Weizenstein).

GROSSER GRAUER
Gelegentlich auch unter dem Namen Granit bekannt. Außer im Spessart und im Odenwald sind vor allem in Schottland die meisten Orte aus diesem harten, grauen, schwarzen, rosafarbenen, dauerhaften, unverwüstlichen Material erbaut. Jeder andere Stein wäre schon vor langer Zeit durch die pausenlosen Regenfälle weggespült worden. Selbst unter einer dichten Rußschicht verändert er seine Farbe nicht.

Man kann ihn sofort erkennen anhand der Visionen, die er von düsteren, feuchten Abenden in Kleinstädten oder in schottischen Ortschaften heraufbeschwört. Schnuppern Sie doch mal an ihm. Entweder riecht er nach brauner Bratensoße oder Sie können den fernen Duft von Fish and Chips verspüren, der aus jenem einzigen Etablissement entweicht, das in der schottischen Durchschnittsstadt auch nach 18 Uhr noch geöffnet hat. (Achtung: Es handelt sich hier um Schottland, nicht etwa um Wales. Der für Wales typische Stein ist der Schiefer [siehe Platten]. Der *Große Graue* wurde vor zig Millionen von Jahren während eines ungeheuerlichen Aufruhrs gebildet, höchstwahrscheinlich an einem Samstagabend.)

ROTER KLINKER
In manchen deutschen Landesteilen haben die Kirchenbauten einen eindeutig roten Schimmer; besonders in Schleswig-Holstein, Niedersachsen und Ostfriesland, wo der betreffende Kirchstein örtlich auch *Leerer Klinker* genannt wird. Der rote Glanz kommt entweder daher, daß sich der Stein vor undenklicher Zeit während eines feurigen Aufstandes gebildet hat, oder weil sich besonders viele rote Meerestierchen abgelagert haben. Für die Geologen gibt es gar keinen Klinker, für sie ist er ein Tongemisch – aus dem guten Grund, daß Geologen ihre Steine stets nach Dingen benennen, denen sie überhaupt nicht ähnlich sehen. (Versuchen Sie doch mal das, was Sie Feuerstein nennen, in ein Feuerzeug zu bekommen oder schreiben Sie mit »Kreide« oder braten Sie Ihre Eier mit »Speckstein«. Lassen Sie es lieber. Aber wenn Sie mir nicht glauben wollen, können Sie ja mal in Meerschaum baden oder Ihre Couch mit Bergleder beziehen lassen.)

Bei *Rotem Klinker* handelt es sich um einen ansprechenden, netten Stein in der Farbtönung irgendwo zwischen einem sandigen Bordeaux und einem rotbraunen Pullover, der dringend gewaschen werden müßte.

FEUERSTEIN
Die einzige Art von Kirchstein, die zu klein ist, um vernünftige Quader daraus machen zu können. Er kommt in kleinen rundlichen Klumpen vor, die gewöhnlich zur Dekoration von Kirchtürmen verwendet werden; die Kirchen selbst sind aus Kreide, Gips oder einem anderen dieser neuen Wunderprodukte, die längst eingetrocknet sind, bevor Sie sie aufgetragen haben.

In manchen Landesteilen kann man mitunter noch auf alte Leute treffen, die sich mit dem traditionellen Feuerstein-Schnippen beschäftigen, einem Spiel, das dem Murmeln nicht unähnlich ist.

QUARZ
Bei jedem Kirchstein, der auch nur eine Spur von Glimmer und Schimmer aufweist, der aussieht, als wäre er aus Tausenden von Partikeln zusammengesetzt oder wie versteinertes Mineralwasser wirkt, handelt es sich um Quarz. Er ist selbstverständlich ein ganz hervorragender Kirchstein, da er dazu beiträgt, die Kirchturmuhr in Gang zu halten.

LORE-LEYSTEIN
Sylvia drückte sich eng an die Kirchenmauer und starrte in Sebastians hungrige Augen. Ihr dünnes Sommerkleidchen bot keinerlei Schutz gegen seine gierigen Blicke, und das gutaussehende Gesicht, das sie einst so bewunderte, hielt jetzt nur noch Verderben für sie bereit.

»Was hast du vor, Sebastian?« fragte sie und reckte stolz den Kopf in die Höhe. Ich darf ihm nicht zeigen, wieviel Angst ich vor ihm habe, sagte sie sich.

»Du hast doch wohl nicht angenommen, ich hätte dich nur hergebracht, um mit dir alte Kirchen anzusehen, oder?« entgegnete Sebastian, die Stimme heiser vor Verlangen. »Du dummes kleines Ding, weißt du denn nicht, wie sehr ich dich begehre? Und hier, wo wir endlich allein sind...«

Oh, Detlev, dachte Sylvia, du magst zwar ein langweiliger, erfolgloser Assistenzarzt sein, aber du bist der einzige, den ich will; nicht diesen... diesen Angeber. Sie fuhr mit der Hand fieberhaft über die Mauer hinter sich in der Hoffnung, irgendeine verborgene Tür zu finden, die ihr Zuflucht sein könnte. Plötzlich hielt sie ein Stück des Mauerwerks in der Hand – zu ihrer eigenen Überraschung. Ohne nachzudenken, hob sie es hoch und schleuderte es mit aller Kraft, die ihr zu Gebote stand, gegen Sebastians Kopf. Er wirkte leicht verblüfft, bevor er hintenüber in die wilden Rosen und Brennesseln sank – bewußtlos.

Ja, der weiche und bröckelige *Lore-Leystein* mag vielleicht nicht gerade ideal für den Kirchenbau sein, aber in kritischen Momenten ist er durchaus hilfreich. Er ist *Basteistein* nicht unähnlich, aber billiger.

PLATTEN ODER GRABSTEIN

Eines der Dinge, die Sebastian leicht verblüfft aussehen ließen, bevor er hintenüber ins Unkraut sank, war die Tatsache, daß er mit seinem Kopf gegen etwas ganz hübsch Hartes geprallt war – einen Grabstein. Diese werden stets aus Grabstein gemacht oder dem, was die Leute in Wales Schiefer nennen. Er kommt in großen Blöcken vor, wird jedoch nie für den Kirchenbau verwendet, nur für Gräber und Dächer.

(In Wales neigt man dazu, eher Kapellen denn Kirchen zu bauen und ihre Dächer aus Wellblech zu fertigen; da neuerdings nur noch wenig Kapellen gebaut werden, befindet sich die Stahlindustrie von Wales auf einer besorgniserregenden Talfahrt.)

Dieser feste graue Kirchstein ist sehr weich und die einzige Steinart, auf der man ganz leicht schreiben kann. Allerdings besteht bei den moderneren Pfarrern die Tendenz, ihre Grabsteine mit wilden Rosen und Brennesseln zu sichern, damit keine Graffiti auf ihnen auftauchen. Wie viele schuftige Casanovas wie Sebastian zwischen den Gräbern vermodern – das wage ich noch nicht einmal zu denken.

GALLENSTEIN

Ein kleines, sehr hartes Steingewächs, das individuell große Schmerzen und soziales Elend verursachen kann, in großen Mengen (dann Kies genannt) jedoch sehr vorteilhaft für den Bau moderner Kirchen ist. Kiesgruben sind von anderen Steinbrüchen sehr leicht zu unterscheiden, man erkennt sie daran, daß sie stets mit Wasser gefüllt sind, auf dem kleine Segelboote fahren. Kies wird fast ausschließlich in Neubaugebieten am Rande großer Städte gefunden, genauso verhält es sich mit modernen Kirchen. Kies ist der einzige bisher bekannte Satellitenstadtstein der Welt.

WASSERSTEIN

Obwohl individuell keine Schmerzen verursachend wie der vorgenannte, kann Wasserstein ebenso lästig wie schädlich sein und ist daher äußerst mißlich. Als Prophylaxe gegen diese Kalkablagerungen wird von der einschlägigen Industrie beim Kauf von Kaffee-, Wasch-

und Spülmaschinen gleich ein Probetütchen einschlägiger weißpulveriger Chemikalien mitgegeben, die die genannten Maschinen dann abhängig machen ...

Ein Wort der Warnung: Es gibt viele Substanzen, die dem Namen nach ins Reich der Geologie zu gehören scheinen: Einstein, Pflaumenstein, Steinway, Kiesl, Marmorkuchen, Fred Feuerstein. Bimsstein ist hierzulande nicht heimisch. Wird er dennoch gefunden, kann es sich nur um einen Badezimmerflüchtling handeln.

Noch ein Wort der Warnung: Mitunter kann es passieren, lieber Leser, liebe Leserin, daß Sie sich in einem Landesteil befinden, wo es gar keine Kirchen gibt – auf der Hallig Hooge zum Beispiel, auf der Zugspitze oder im Wattenmeer. An Ihrer Stelle würde ich dann woanders weitersuchen.

14. Leblose Objekte, die am Boden liegen

Obwohl die meisten Dinge in der Natur früher oder später leblose Dinge werden, die am Boden liegen, begeistern sich leider nur wenige Leute für dieses Thema. Die Menschen interessieren sich für Sachen, die sich bewegen und die im Fernsehen niedlich aussehen. Deshalb gibt es ja auch so viele Gesellschaften zum Schutz von Vögeln, Tieren und so weiter, aber keine einzige zum Schutze von leblosen Dingen, die am Boden liegen. Die menschliche Natur ist nun einmal so, dagegen läßt sich nichts machen. Also werde ich diesen Abschnitt erfreulich kurz halten.

Fossilien

Fossilien nennt man alle Pflanzen oder Tiere, die seit mehr als einer Million Jahren im Boden verrotten. Da sie sich jedoch inzwischen in Steine verwandelt haben, werden sie mit an Sicherheit grenzender Wahrscheinlichkeit nie verrotten.

P. S. Ich weiß, daß sie sich nicht wirklich in Stein verwandelt haben – die Versteinerung trägt lediglich ihren Abdruck. Aber, wie ich schon sagte, ich versuche, dieses Kapitel so kurz wie möglich zu halten.

Nüsse

Die Nuß ist eine Frucht, die Ihnen die Zähne kaputtmacht. Die Natur hat viele wundervolle Methoden entwickelt, ihren Samen zu verbreiten, eine harte Schale, die man mit dem Hammer aufbrechen muß, gehört bestimmt nicht dazu. Die meisten menschlichen Werkzeuge eignen sich beispielsweise nicht dazu, eine Paranuß zu knacken. Wie soll dann erst ein Tier damit fertigwerden? Wie kommen Paranußbäume je zu einer Familie?

Ein anderer bedeutender Unterschied zwischen Nüssen und Obst besteht darin, daß eine Obstfrucht auf dem Baum oder auf dem Boden genauso aussieht wie in den Auslagen der Obst- und Gemüsegeschäfte. Bei Nüssen ist das ganz anders. Wer würde annehmen, daß eine Walnuß am Baum weich und grün ist, oder daß Paranüsse im

Viererpack in großen, holzigen Früchten von zwei Kilogramm Gewicht wachsen? Als ich zum erstenmal einen Cashewnußbaum sah, erlitt ich den Schock meines Lebens; Cashewnüsse hängen an einer großen Birne. Unter Umständen können Sie Erdnüsse am Baum wiedererkennen. Bis auf die Tatsache, daß sie dort wachsen, wo Sie sie gar nicht sehen können – unter der Erde. Mit dem unterirdischen Samenanbau scheint die Natur endlich einmal das Richtige getan zu haben.

Mein Rat: Verzichten Sie auf das Beobachten von Nüssen.

EWIGER SCHLAMM
Das mitteleuropäische Gegenstück zum ewigen Eis, das ungeheure Teile Sibiriens bedeckt und niemals taut. Ewiger Schlamm ist Schlamm, der niemals trocknet. Man findet ihn am Zugang zu Kuhweiden, unter leuchtendgrünem Gras an Berghängen, zwischen Fluß und Ufer, am Rand der Wege, an denen Sie Ihren Wagen parken wollen, vor Terrassen- und Gartentüren, auf Spielplätzen und überall im Haus nach Spaziergängen. Er ist reich an pflanzlichen Faserstoffen. Würmer lieben ihn. Sonst niemand.

FEUERSTEIN
Kleine Feuersteine werden allüberall auf deutschem Boden gefunden. Das ist darauf zurückzuführen, daß sich die Schrauben am Feuerzeug gelockert haben. Wenn Sie den Feuerstein gefunden haben, müssen Sie auch noch Schraube und Feder finden. Danach müssen Sie versuchen, alles wieder in die dafür vorgesehene Öffnung zu bugsieren. Und dann laufen Sie los, um sich eine Schachtel Streichhölzer zu kaufen.

KUHFLADEN
Sie werden die Streichhölzer für den Kuhfladen-Test brauchen. Getrockneter Tierdung wird bekanntlich in der dritten Welt als traditionelles Heizmaterial benutzt, aber sooft ich es auch versuche, mir gelingt nie, einen Kuhfladen in Brand zu stecken – wie trocken und ausgedörrt er auch sei. Jetzt sind Sie an der Reihe.

PEVSNERIT
Nikolaus Pevsner ist jener Mann, der sich daran gemacht hat, all die herausragenden Gebäude in England in Form von Provinz-zu-Provinz-Ausgaben zu beschreiben. Allerdings scheint er sich vielerorts

auf die örtliche Kirche oder das Herrenhaus beschränkt zu haben. Mit anderen Worten: auf Gebäude, die Menschen wie Ihnen und mir verschlossen sind. Angeregt durch sein Interesse wurde vielen Gemäuern durch die zuständigen Behörden Denkmalschutz gewährt. Zu schade, denn häufig genug ist so etwas nur das Vorspiel für einen nächtlichen Brand oder einen frühmorgendlichen Abriß. Alles, was übrig bleibt, ist ein Haufen eigenartig zerlegten Baumaterials. Und das ist es, was den Wissenschaftlern als Pevsnerit bekannt ist.

HOLZKOHLE

Gegen Ende des Mittelalters wurden viele Wälder abgeholzt, um als Grundstoff für Holzkohle zu dienen. Das lag an der immensen Nachfrage nach Holzkohle als Material für die Renaissancemode der Kohlezeichnung. In manchen Gegenden können Sie noch Vorräte an Holzkohle entdecken, die aus jener Zeit stammen. Später kamen die Ölgemälde in Mode. Inzwischen ist die Fotografie die Kunst der Zeit, und wir haben eine Ölschwemme. So ändern sich die Zeiten.

ALTE HÄUTE

Wie Sie sicherlich schon im Fernsehen gesehen haben, schlüpfen manche Tierarten wie Schlangen und Insekten aus ihrer alten Haut und lassen sich eine neue wachsen. Die alten lassen sie einfach herumliegen. Es sind die natürlichen Gegenstücke zu abgelegten Jeans und abgetragenen Handschuhen.

HUMUS

Alles in der Natur – bis auf die Geologie – verrottet früher oder später zu einer Art reicher, brauner Vollnahrung, mit der sich der Rest der Natur versorgt. Diese Vollnahrung nennt man Humus, und es ist sehr wichtig, ihn dort zu lassen, wo er ist, und die Ökologie nicht zu stören. Die Griechen haben versucht, Humus als Vorspeise bekannt zu machen. Vielleicht erklärt das, warum so große Teile Griechenlands kahl und unfruchtbar sind.

MIST

Dies ist kein prüdes Buch. Wir wollen daher nicht verschweigen, daß die Natur, wenn sie nicht gerade mit der Nahrungsaufnahme oder der Fortpflanzung beschäftigt ist, die meiste Zeit damit verbringt, auf die Toilette zu gehen. Allerdings hat sie keine Toiletten. Und so kommt es, daß viele Dinge, die Sie am Boden finden, genau das sind, wonach sie aussehen. Sie haben allerdings ganz verschiedene Bezeichnungen, abhängig von der Quelle der Exkremente – Taubenmist, Hirschlosung, Kuhfladen, Pferdeäpfel und so weiter.

Das alles rottet dann ganz ausgezeichnet vor sich hin, so daß man annehmen muß, das System sei hervorragend. Der Mensch ist das einzige Lebewesen, das offenbar genug Zeit und Energie besitzt, sein Rieselgut ins Meer zu pumpen, um dann darin zu schwimmen. Der Mensch ist auch das einzige Lebewesen, das sich die Mühe macht, den Abfall anderer Tiere aufzusammeln, ihn in einen Sack zu stecken, um ihn woanders wieder auf dem Boden zu verteilen. Und nicht nur den von Tieren. Den von Bäumen auch. Was sind denn Blätter anderes als Baumexkremente? Was sind Komposthaufen denn anderes als Misthaufen?

Ich habe dagegen gar nichts einzuwenden. Aber mitunter frage ich mich doch, was die Bäume so bei sich denken, wenn sie sehen, wie die Menschheit ihre Exkremente in Säcke stopfen. Wie auch immer – eine Untersuchung über die Psyche der Bäume würde mit Sicherheit den Rahmen dieses Buches sprengen.

P. S. Alle Objekte in Abschnitt 18 »Leblose Dinge, die schneller fliegen als Sie rennen können« könnten irrtümlich für alle Objekte in diesem Kapitel gehalten werden – nachdem sie gelandet sind.

15. Leblose Objekte, die am Strand herumliegen

Das Gebiet, das Ebbe und Flut ausgesetzt ist, nennt man Vorland. Zweimal am Tag rückt das Meer vor und zieht sich dann wieder zurück. Damit macht es das Vorland zum einzigen Teil der Natur, der zweimal täglich geputzt wird. Die Größe des Vorlandes hängt von seinem Neigungswinkel ab. An flachen Stränden scheint das Meer am Tag mehrere Kilometer hin- und herzulaufen, während es am Fuß von irgendwelchen Felsen und Klippen gar nicht läuft, sondern sich lediglich um ein paar Dezimeter hebt und senkt. Am Mittelmeer, wo Gezeiten praktisch unbekannt sind, wird das Vorland als bereits sehr groß angesehen, wenn es nur drei Zentimeter breit ist.

Das erklärt übrigens, warum Sie das Wort Vorland in keinem italienischen Wörterbuch finden. Die Italiener haben kein Vorland, also brauchen sie auch keinen Namen dafür. Die uns so vertraute Vorstellung von Urlaubern, die durch die hereinkommende Flut vom Festland abgeschnitten wurden, ergibt für einen Italiener überhaupt keinen Sinn. Wenn ein Urlauber nicht in der Lage ist, drei Zentimeter zu sprinten, dann hat er auch nichts an einem italienischen Strand verloren.

Es könnte durchaus sein, daß alle diese Urlauber, von denen wir immer wieder lesen, sie seien durch die Flut abgeschnitten worden, italienische Touristen sind, die nun total verblüfft feststellen, daß sich das Meer um sie herum bewegt hat, während sie gerade mit ihrem Salami-Mozzarella-Salat beschäftigt waren. Ich beeile mich hinzuzufügen, daß ich natürlich keinerlei Beweise für diese Theorie habe, es aber nichtsdestotrotz für möglich halte. Dennoch, Spekulationen über die ethnische Zugehörigkeit von Touristen, die durch die Flut vom Festland abgeschnitten worden sind, sprengen den Rahmen dieses Buches, sogar jedes vorstellbaren Buches.

Wo waren wir doch gleich? Ach ja. Das Vorland, das jeden Tag gereinigt wird. Unglückseligerweise deponieren jedoch dieselben Gezeiten, die den Strand schrubben und putzen, auch Unmengen von Unrat auf ihm. Alles, was das Meer nicht haben will, lädt es auf unseren Stränden ab. Und alles, was draußen auf See stirbt und zu leicht ist, um auf den Grund zu sinken, treibt seiner letzten Ruhestätte auf dem Vorland zu. (Bei drei Zentimetern Vorland muß es am Mittelmeer ziemlich überfüllt sein; aber auch das sprengt den Rahmen dieses Buches.)

Das erklärt auch, warum nichts auf dem Vorland lebt. Jeder, der das versucht, stellt fest, daß er zweimal am Tag umziehen muß, um nicht zu ertrinken, und daß bei seiner jeweiligen Rückkehr sein Lieblingsplatz von angeschwemmtem Müll besetzt ist. Und von verschreckten Italienern natürlich. So etwas ist doch kein Leben, also gibt jeder schnell auf und zieht sich zurück, um unter Strandhäusern zu leben oder in der kommunalen Kanalisation.

Es muß gesagt werden, daß nur sehr wenige Lebewesen so tapfer sind, auf dem Vorland auszuharren, indem sie sich in den Zustand eines permanenten Komas begeben, wie die Napfschnecken. Aber das nenne ich nicht Leben.

AUSGEBRANNTE SEESTERNE
Von den Astronomen wissen wir, daß selbst der leuchtendste und größte Stern schließlich verlöschen wird. Entweder verglüht er oder er explodiert auf spektakuläre Art und Weise, um ein schwarzes Loch zu hinterlassen, welches – wenn ich das richtig mitbekommen habe – eines Tages selbst das größte Teleskop verschlingen wird. Bei Seesternen ist das ähnlich. Feurig brennend plumpsen sie nachts ins Meer und erlöschen sofort, um am nächsten Morgen wieder heraufgewaschen zu werden. Ein Seesternschnuppenschwarm in lauer Sommernacht zählt zu den unvergeßlichen Ferienerlebnissen.

Ich persönlich glaube nicht, daß Seesterne implodieren und schwarze Löcher hinterlassen, aber viele Meeresbiologen hoffen, durch Studien an Körpern von inzwischen ausgestorbenen Seesternen dahinterzukommen, wie das Meer entstanden ist – mit dem Urplatsch, durch stufenweise Evolution oder einfach, weil Gott gesagt hat: Und da soll sein Wasser, Buddeleimer und Sonnencreme ...

NUDEL-SPIRALEN
Auf dem Sand am Meeressaum werden Sie häufig kleine verschlungene Spiralen entdecken, die auf den ersten Blick aussehen wie Spaghetti, bei denen Sie bei genauerem Hinsehen jedoch feststellen, daß sie aus Sand sind. Wurden sie, wie Fachleute meinen, von unsichtbaren Würmern hinterlassen, die dicht unter der Sandoberfläche leben?

Wurden sie von einem künsterlisch begabten Tintenfisch geschaffen? Oder deuten sie etwa auf die Neigung der Erde, durch ihre Poren zu schwitzen?

Angesichts dieser eher unwahrscheinlichen Theorien neige ich zu der Annahme, daß dieses spaghettiähnliche Zeug tatsächlich Spaghetti sind. Übriggebliebene und in Zersetzung übergegangene Spaghetti. Wer so etwas am Meer zurückläßt? Italienische Urlauber natürlich, von der Flut beim Pasta-Picknick überrascht!

Reste-Qualle
Mitunter findet man am Strand weiche, formlose Klümpchen von Gelee. Sie wirken wie Dessert oder Pudding, den das Meer übersatt von sich gewiesen hat. In der Tat sind die Wissenschaftler zu der Ansicht gelangt, daß es sich genau darum handelt, und daß das Meer einen Appetit hat, der durchaus gestillt werden kann. Menschen, die an der See leben, sprechen häufig davon, daß gewisse Dinge an den Strand übergeben worden sind. Im übertragenen Sinne kann man also davon sprechen, daß sich das Meer übergibt. Die Wissenschaft glaubt jetzt, daß genau das passiert. Man spricht natürlich nicht laut darüber, aber man ist davon überzeugt. Jetzt arbeiten Wissenschaftler am Beweis der These, daß Meeresstürme eine Form von Verdauungsbeschwerden sind.

Napfschnecken en Saison
Jedes Schalentier, das im Zustand dauerhaften Komas an einem Felsen klebt, ist eine Napfschnecke. Napfschneckenbeobachtung ist kein sehr aktives Naturstudium und kann daher dem Leser nicht unbedingt empfohlen werden. Während einer – eher langwierigen – Napfschneckenbeobachtung könnte die Flut unbemerkt um Sie herumkriechen, besonders, wenn Sie aus einem Teil der Welt kommen, in dem es weder Ebbe noch Flut gibt. Die einzig erfolgreiche Art, eine Napfschnecke von einem Felsen zu entfernen, ist die Anwendung eines kleinen Explosionskörpers, auch Haftmine genannt. Für gewöhnlich entfernt sie den Felsen gleich mit.

Schalentier-Schalen
Schalentiere werden wesentlich häufiger ohne fleischigen Inhalt gefunden als mit. Es gibt die verschiedensten Formen und Farben, so wie sie auch nach einem reichhaltigen und voll befriedigenden Essen einer italienischen Familie auf dem Tisch gestapelt sind. Viele Wissen-

schaftler gehen inzwischen davon aus, daß die Muscheln am Strand genau das sind – Reste einer italienischen Mahlzeit. Die Frage bleibt nur, was aus der italienischen Familie geworden ist.

Detektoren ausser Dienst

Die gewinnbringende Industrie an rauhen Küsten war es früher, am Strand oder auf den Klippen darauf zu warten, daß draußen auf See ein Schiff in Seenot geriet. Dann ging man an Bord und kämpfte mit der Besatzung um die Fracht. Das moderne Gegenstück dazu ist die Schatzsuche, und Sie können häufig genug eifrigen jungen Sammlern mit Metallsuchgeräten begegnen, die nach verborgenen Schatztruhen suchen, um dann mit den Museumsleuten um ihre Fundstücke zu kämpfen.

Heutzutage sind alle Dinge von erheblichem Wert bereits gefunden worden (italienischer Schmuck, kleine Liremünzen, Renaissancedrucke aus Italien), und die meisten Möchtegernsammler geben auf und gehen nach Hause. Alles, was Sie wahrscheinlich noch finden werden, sind die Detektoren, die von den Sammlern verächtlich fortgeworfen worden sind.

Schaum

Der gelbe Schaum, der an einem stürmischen Tag am Meer gefunden werden kann, ist uns allen ein vertrautes Bild. Wer von uns hätte sich nicht seltsam angerührt gefühlt beim Anblick dieser salzigen Gischt, die da von der See fortgeblasen, üppig und golden zu unseren Füßen liegt? Wer von uns hätte nicht den Schritt verhalten und sich gefragt, wie um alles in der Welt sich ein weißes Pulver wie Salz in gelben Schaum verwandeln kann?

Wissenschaftler neigen inzwischen zu der Ansicht, es könnte sich um Zabaglione handeln.

Betonklumpen

Eigenartigerweise entdecken wir häufig große Stücken Beton auf dem Vorland. Es findet sich zwar auch manch andere Art von Menschenhand hergestellten Kehrichts, Plastikbecher und Chipstüten zum Beispiel, aber die werden ganz leicht von der nahegelegenen Ölplattform herübergespült. Weniger leicht ist es, sich Beton auf den Wellen hüpfend vorzustellen.

Deshalb sind in Sizilien diverse Untersuchungen angestellt worden. Einheimische Wissenschaftler postieren Beobachter mit Betonklumpen im flachen Wasser – genauergesagt postieren sie Beobachter *in* Betonklumpen im flachen Wasser –, um zu sehen, ob die hereinkommende Flut sie fortspülen würde. Der Tidenhub von drei Zentimetern hat jedoch nicht ausgereicht, die Theorie zu bestätigen oder sie ad absurdum zu führen.

Die Wissenschaft trägt sich nun mit der Absicht, diese sizilianischen Experimente an unseren Stränden durchzuführen; bei uns, wo verläßlicher Tidenhub, sowie ausreichende Vorkommen an Beton gewährleistet sind. Man ist sich nur noch nicht klar darüber, was mit den Beobachtern geschehen würde.

WEGWERFFLASCHEN

Eine Wegwerfflasche kann als solche bezeichnet werden, wenn Sie sie vom Strand ins Meer werfen, und sie nicht mehr zurückkommt. Sie treibt auf die See hinaus und weiter, infolge eines geheimnisvollen Heimatsinnes, den wir noch nicht ganz ergründet haben, durch den Golf von Biscaya, durch die Straße von Gibraltar, um an italienischen Gestaden zu landen. Hier paart sie sich mit einer einheimischen Chianti- oder Orvieto-Secco-Flasche, und ihr Nachwuchs begibt sich schließlich irgendwann auf die mühselige Rückreise, um rechtzeitig zur nächsten Urlaubssaison wieder im Norden einzutreffen und seinerseits darauf zu warten, daß irgendein freundlicher Strandläufer ihn aufnimmt, und ihn ins Meer zurückwirft. Dann fängt das Ganze von vorne an. Häufig stellen wir ziemlich enttäuscht fest, daß die Flaschen keinerlei Botschaften enthalten, aber der Grund dafür ist ganz einsichtig: Die meisten Menschen werfen Flaschen ins Meer, ohne sich erst die Mühe zu machen, Nachrichten hineinzustecken. Diese Flaschen sind das natürliche Gegenstück zu unerwünschten Postwurfsendungen.

Manchen Arten von italienischen Flaschen wächst übrigens eine Strohhülle, die sich mit Wasser vollsaugt und sinkt. Wenn Sie also eine solche Flasche an unseren Gestaden finden, ist sie nicht den ganzen Weg von Italien hergetrieben, sondern wurde von einer italienischen Familie zurückgelassen, die die Flut überrascht hat.

Seltener werden Sie Flaschen finden, die kleine Modellschiffe enthalten oder sogar noch einen guten Schluck Chianti, noch seltener Flaschen mit Glühbirne, Schnur und Lampenschirm, beklebt mit italienischen Weinetiketten.

Unzustellbare Briefe

Die erstaunliche Reise von Aalen in die Saragossasee und zurück ist nichts im Vergleich zur Lebensgeschichte von Briefen, die am Strand hin und her geweht werden. Sie haben ihr Leben als mächtige Bäume in den Wäldern Kanadas begonnen, um dann von Leuten in eine breiige Masse und von anderen Leuten in Papier verwandelt zu werden. Schließlich versammeln sie sich durch irgendeinen Gemeinschaftssinn, den wir im Moment noch nicht recht begreifen, in Regalen und auf Tischen von Kaufhäusern und Papiergeschäften, bevor sie sich in Briefe von Tante Frieda verwandeln, die von Tante Friedas Verwandten am Strand ausgesetzt werden – oder von einem Briefträger, der zu viele Briefe zu tragen hat.

Seltener werden Sie Briefe finden, die ihr Leben am Strand begonnen haben. Die noch selteneren italienischen lauten etwa so: »Na ja, Roberto, sieht ganz so aus, als wär's das gewesen. Das Stück Land, auf dem wir unser Picknick veranstaltet haben, treibt aufs Meer hinaus, und ich schreibe Dir schnell einen Abschiedsgruß. Ich wünschte, ich hätte auf Dich gehört, als Du sagtest, Urlaub in Deutschland hätte so seine Tücken. Gestern abend habe ich in der Disco von St. Peter Ording einen tollen Jungen kennengelernt, aber nun werde ich den wohl kaum wiedersehen. Das ist alles, was ich an Neuem zu berichten habe. Ich verabschiede mich auch im Namen von Lucia. P. S. Letzte Grüße auch von Silvia, Pietro, Francesco, den Zwillingen, Tante Bella, Lodovico, Alfredo...«

Hier bricht der Brief für gewöhnlich ab.

Ich habe mir nicht die Mühe gemacht, die vielen Steine zu beschreiben, die man an einem deutschen Durchschnittsstrand findet, weil sie weniger auf dem Strand liegen als vielmehr ein Bestandteil von ihm sind. Steine sind Sand, der noch nicht ganz zu Potte gekommen ist. Es gibt Wissenschaftler, die zu der Anschauung neigen, Steine seien Teil des Stoffwechselsystems der Natur und stellen ein wichtiges Element ihrer Exkremente dar.

16. Leblose Objekte, die im Boden stecken

Die meisten davon sind natürlich nicht natürlich, sondern von Menschenhand geschaffen. Gleichwohl sollten sie irgendwo in diesem Buch erwähnt werden, da sie die Grundlage von zwei Wissenschaften bilden, die in letzter Zeit ungeheuer populär geworden sind. Dabei handelt es sich um:

1. Die Industrie-Archäologie, die davon ausgeht, daß etwas, das nicht mehr funktioniert, nun wesentlich interessanter ist, als im funktionstüchtigen Zustand. Dieses Denken hat in manchen Teilen Europas fast die Industrie selbst ersetzt.

2. Die Altertumskunde, die davon ausgeht, daß Mittel- und Nordeuropa durch ein geheimnisvolles Netz unsichtbarer Linien verbunden sind. Wenn es uns nur möglich wäre, das Rätsel zu lösen, könnten wir alle auf einen Schlag wieder alte Germanen sein. Was das für Vorteile hätte, sagen sie allerdings nicht.

TRIANGULATIONSPUNKTE

Es handelt sich hierbei um kleine Steinpyramiden, die gewöhnlich auf den Landvermesserkarten eingezeichnet sind. Sie tragen kleine Messingplatten mit darauf eingravierten geheimnisvollen Zahlen. Es geht die Legende, daß irgendein alter germanischer Stamm sich an ihnen orientiert hat, um von einem Ort zum anderen zu kommen. Dennoch werden diese Pyramiden stets auf einsamen Bergkuppen gefunden, wenn sich die Dunkelheit herabsenkt, der Regen peitscht, die nächste Kneipe sieben Kilometer entfernt und die Polizeistunde nahe ist. Vermutlich hatte der Stamm kein langes Leben, und wenn doch, dann ein sehr elendes.

Diese Triangulationspunkte sind inzwischen eine große Hilfe für die amtliche Landvermessung; auf irgendeine seltsame Weise tragen sie dazu bei, daß der Preis der Landkarten von Monat zu Monat erhöht werden kann.

Obelisken
Das sind riesige Steinpyramiden, für gewöhnlich auf Berggipfeln plaziert oder an kitzligen Kurven der Fahrbahnen. Die Altertumskundler behaupten, ganz Europa sei durch ein Netz unsichtbarer Linien verbunden, beginnend mit dem Scott Monument in Edinburgh über Kleopatras Needle am Victoria Embankment in London bis hinunter zum Obelisken auf der Place Vendôme in Paris. Ihre Theorie stützt sich auf die Behauptung, daß sie alle von einem Stamm aus dem achtzehnten oder neunzehnten Jahrhundert errichtet worden sind, der das Erbe verblichener Autoren und Armeegenerale verehrte, besonders, wenn sie in Kämpfen um ehemalige Kolonialgebiete gefallen waren.

Leitungsmasten
Die Theorie besagt, daß diese gewaltigen Metallmasten den ganzen Kontinent durch eine Folge sichtbarer Linien miteinander verbinden, um diesen seltsamen Stoff weiterzutragen, den man Elektrizität nennt. Sie sorgen dafür, daß die Toaster und Plattenspieler der Menschen funktionieren.

Riesige Löcher in Bergen
Es gibt so viele Löcher in den Bergen Europas, daß eigentlich ein ganzes Buch über sie geschrieben werden könnte. Ich bin in der Tat überrascht, daß es noch kein Buch darüber gibt, denn heutzutage wird

doch über alles Mögliche geschrieben. Wenn ich ganz ehrlich bin, rechne ich fest damit, daß diese Veröffentlichung, wenn sonst nichts, so doch eine Flut verärgerter Briefe provoziert, für die ich hier einen stellvertretend zitiere: »Sehr geehrter Herr Kington, wie konnten Sie nur mein grundlegendes Werk ›Mitteleuropas alte Löcher‹ (Verlag: Seltsam & Schrulle, 1977, 48,90 DM) übersehen? Schließlich beweise ich darin, daß unser Kontinent durch eine Serie mysteriöser unterirdischer Linien...«

Die wichtigeren Gründe für Löcher in Bergen sind (mit unterschiedlicher Zielsetzung): alte römische Minen (3480), Eisenbahnluftschächte (540), Steinbrüche für Obelisken (980), abgestürzte Starfighter der Luftwaffe (180) und inzwischen wieder aufgegebene Löcher fürs Kabelfernsehen auf der Schwäbischen Alb (4).

STANDROHRE

Bei diesen geheimnisvollen Objekten handelt es sich einfach um Holzpfähle, an denen Metallrohre befestigt sind. Industrie-Archäologen nehmen an, daß sie aus der Mitte des Jahres 1982 stammen, als ein Streik der Wasserwerker eine Notwasserversorgung notwendig machte. Und wenn das so ist – argumentieren sie –, dann müssen die Standrohre auch als einmaliges Beispiel für die Zeitläufe konserviert werden, in denen selbst im nassesten aller Sommer das Wasser knapp wurde.

Noch behaupten die Altertumskundler nicht, daß Standrohre zu einem geheiligten Liniensystem gehören, das sich durch ganz Mitteleuropa zieht, denn noch ist es nicht lange genug her.

FERNSEHTÜRME
Hierbei handelt es sich um immens hohe und immens dünne Masten, errichtet, um rote Lichter an der Spitze zu tragen, die Flugzeuge vor der Existenz der immens hohen und immens dünnen Masten warnen. Ein weiterer Sinn besteht darin, das Land mit einer Reihe unsichtbarer Linien zu verbinden, um Menschen in die Lage zu versetzen, Dokumentarprogramme über Altertumskunde und Industrie-Archäologie betrachten zu können. Dieses Phänomen ist auch unter dem Namen Drittes Programm bekannt. Fernsehtürme sind ausnahmslos auf hohen, einsamen Bergen zu finden.

(Es muß irgendwo einen hohen, einsamen Berggipfel geben mit einem Triangulationspunkt, einem Obelisken, einem Fernsehturm und diversen Standrohren – alle gefährlich nahe bei einem Eisenbahnluftschacht und versehen mit einer Messingplatte, auf der steht: Europäisches Museum des Jahres 1979.)

NIEDERLÄNDISCHE ULMENSEUCHE
Dann und wann wird behauptet, daß die Ulme fast völlig aus unserer Landschaft verschwunden sei. Das ist natürlich blanker Unsinn; sie ist immer noch da, aber tot. Von Rechts wegen sollten die Bauern eigentlich kranke Ulmen fällen. Weil dabei aber kein Geld zu holen ist, die toten Ulmen auch keine Bedrohung des Einkommens darstellen, geschieht gar nichts. Als Ergebnis dieser Passivität sind ganze Landschaften Europas mit Ulmenleichen übersät.

Sollten die toten Ulmen jedoch verschwinden, würde gleich zweierlei passieren. Es würde die Theorie aufgestellt werden, Mitteleuropa sei früher einmal durch eine Serie von Linien zwischen den verschiedenen Ulmen miteinander verbunden gewesen, und es erhöbe sich ein mächtiges Geschrei zur Rettung der letzten paar Ulmenleichen, um sie als naturhistorisches Denkmal zu erhalten.

STEINHAUFEN
Das sind nicht einfach so Steinhaufen – das sind Grabhügel, alte zusammengefallene Hütten oder frühindustrielle Überreste. Sind die Altertumskundler als erste vor Ort, werden sie die Bruchstücke wieder zu germanischen Wohnsitzen zusammenfügen. Ein Industrie-Archäologe allerdings würde das ganze Sammelsurium wieder zu einer Schmelzerhütte zusammenmontieren. In Wirklichkeit handelt es sich schlicht und einfach um Steinhaufen.

STEINHAUFEN MIT LÖCHERN
Sie sind das A und O der Industrie-Archäologie, weil sie früher einmal Wassermühlen, Windmühlen, Kaffeemühlen, Pfeffermühlen oder andere Mühlen düsteren, teuflischen Ursprungs waren, erbaut in finsteren Zeiten, als Mitteleuropa verbunden war durch ein geheimnisvolles Liniennetz unsicherer, schlammiger und nahezu unpassierbarer Straßen. Sie werden alle eines Tages in einem nicht funktionstüchtigen Zustand wieder hergerichtet und der Öffentlichkeit zugänglich gemacht.

Die Altertumskundler, die generell keinerlei Interesse an irgendwelcher Industrie haben, es sei denn, es handelt sich um die Druckindustrie, ignorieren diese Strukturen natürlich völlig. Außer bei Fundorten in Wales, eigenartigerweise. Hier behaupten sie, daß die Steinhaufen mit Löchern ehemals englische Häuser seien, die von einem Stamm, Waliser Befreiungsarmee genannt, ausgebrannt und dann als Zentrum eines Netzes mysteriöser Linien genutzt wurden; das hat schließlich zu einem walisisch sprechenden und völlig unabhängigen Wales geführt. Es gibt Wissenschaftler, die inzwischen davon überzeugt sind, daß Stonehenge einst ein großes angelsächsisches Wochenendhaus auf Waliser Territorium gewesen sein könnte.

FLUTMARKIERUNGEN
Im unwirtlichen Hochland werden Sie mitunter Pfähle entdecken, die neben der Straße in den Boden gerammt sind. Sie stehen so, daß man, selbst wenn Schnee die Landschaft zugedeckt hat, noch erkennen kann, wo die Straße verläuft.

Auch an Furten und niedrigen Brücken können Sie gelegentlich Pfähle mit Zahlen darauf finden. Sie geben die Höhe des möglichen

Hochwassers an, das dann und wann den unteren Teil der Pfähle bedeckt.

In Flüssen sehen Sie häufig Pfähle oder Weidenruten neben der Fahrtrinne. Sie deuten an, wo zu beiden Seiten die Untiefen beginnen und das Schippern mit größeren Kähnen absolut riskant sein kann.

Alle diese Pfähle sind ungemein nützlich; daher haben bislang weder Alterskundler noch Industrie-Archäologen das geringste Interesse an ihnen gezeigt.

17. Wrack-, Strand- und sonstiges Gut

Dieses Kapitel ist in einem Naturführer etwas schwierig zu rechtfertigen – selbst in einem so ungewöhnlich umfassenden wie diesem – weil im Wasser treibende Dinge gewöhnlich von Menschenhand erschaffen oder doch zumindest von Menschenhand fallengelassen worden sind. Daher stellen sie nicht unbedingt ein Teil der Natur dar. Andererseits neigen sie aber dazu, ihr Aussehen im Wasser zu verändern, gewöhnlich geschieht das in den ersten fünf Minuten. In ihrem neuen, mit Wasser vollgesogenen, aufgequollenen, verfärbten Zustand würden sie unweigerlich für einen Teil der Natur gehalten, wenn dieses Kapitel nicht wäre, um Ihnen die Augen zu öffnen.

Ich habe auch beschlossen, daß es höchste Zeit ist, den Begriff Wrack- und Strandgut endlich einmal auf einen aktuellen Stand zu bringen. Diese allgemeine Bezeichnung mag ja in den Tagen der Windjammer und Schoner ganz gut und richtig gewesen sein, aber wir befinden uns jetzt in einem weit höher entwickelten Müllzeitalter. Dies nur zur Erinnerung...

Wrackgut oder Ballast ist Zeug, das absichtlich über Bord geworfen wurde, gewöhnlich um das Schiff leichter zu machen. Dies schließt offenbar Dinge wie Öllachen, überfällige Fischkonserven und blinde Passagiere ein. *Strandgut* ist Zeug, das einfach so von einem Schiff gefallen ist, etwa Plastikbecher, Container voller Autos oder angetrunkene griechische Kapitäne.

Diese Unterscheidung scheint viel zu breit angelegt, um für uns von irgendwelchem Nutzen zu sein. Ich bin bei meinen Reisen auch noch auf eine dritte Bezeichnung gestoßen. Sie heißt »versenktes Wrackgut« und bedeutet: »Gut oder Abfall auf dem Meeresgrund«.

Bei unseren alltäglichen Konversationen ist dieser Begriff aber schlecht anwendbar, weil kaum einer von uns losgeht, um den Meeresboden zu erkunden. Sollte so etwas doch dann und wann geschehen, werden wir uns darum bemühen, nichts davon bei unseren täglichen Gesprächen einfließen zu lassen.

Daher schlage ich vor, Ballast, Wrack-, Strand- und versenktes

Wrackgut ein für allemal über Bord zu werfen und uns mit den folgenden zehn nützlichen Begriffen auszustatten.

Fallgut
Hierbei handelt es sich um Dinge, die rein zufällig über Bord gefallen sind und eine unterwürfige Entschuldigung dem Skipper gegenüber unumgänglich machen. Es sind also Dinge, die man eigentlich behalten wollte, die einem dann aber ganz unabsichtlich durch die Finger gerutscht sind, was einem in der Regel schrecklich leid tut. Fallgut beinhaltet Korkenzieher, volle Flaschen Alkohol, Korken halbvoller Alkoholflaschen, Karten, Zeitungen, Briefmarken, die gerade auf Ansichtskarten geklebt werden sollten, Ansichtskarten, die gerade frankiert worden sind, Exemplare dieses Buches, Seile, Fender, Bootsmützen und die letzte an Bord befindliche Streichholzschachtel.

Ertränkgut
Leute, die über Bord geworfen werden, weil sie Fallgut von Bord fallen ließen.

Anglergut
Dinge, die unbeabsichtigt von einem Angler am Flußufer fallen gelassen wurden. Seltener handelt es sich um die Überreste des Kampfes zwischen Angler und Fisch, wenn der Fisch gewonnen hat.

Jeansgut
Kleidungsstücke, die von Bord verschwanden, als sich der Besitzer gerade umzog.

Treibgut
Kleinere Objekte, ohne die an Bord irgend etwas nicht funktioniert.

Stückgut
Dinge an Bord, die des Treibgutes wegen nicht funktionieren und die in blinder Wut darüber über Bord geworfen worden sind.

Krautgut
Größere Klumpen von Kraut oder Unkraut, die sich losgerissen haben und nun mit der Strömung treiben, um den durchaus lobenswerten Versuch zu unternehmen, irgendwo eine angenehmere Nachbarschaft zu finden.

TRINKGUT
Jedes Objekt, das im weiteren Sinne zur Getränkeindustrie gehört. Es sind rund 500000 Spezies dieser Gattung bekannt. Die meisten lassen sich als Bierfilze, Plastik- oder Polyesterbecher, Deckel, Plastiklöffel, Zuckerbeutelchen, Suppenpäckchen, Cocktailquirle, Maraschinokirschen, Bierdosen und Sektkorken bestimmen. Offen gesagt, hier handelt es sich um eine Sache, über die sich diese internationalen Konferenzen über Seerecht endlich einmal Gedanken machen sollten und nicht über das Öl in der Antarktis oder die traurige Lage der Pinguine. Jeder, der einmal eine Plastikbecherlache gesehen hat, wird diesen Anblick nicht so schnell wieder vergessen können.

STRANDGUT
Absolut wertlose Kiesel, Holzstücke, Glasscherben und so weiter, die am Strand gefunden und von Leuten bearbeitet werden, die gerade aus der Großstadt ans Meer gezogen sind, und die dann versuchen, das Strandgut für eine Menge Geld in Kunstgewerbeläden zu verkaufen.

SONSTIGES GUT
Alles andere. Auch Strandgut, das nicht an den Mann oder die Frau gebracht werden konnte und daher ins Meer zurückgeworfen wurde.

18. Leblose Dinge, die schneller fliegen als Sie rennen können

Dies ist ein weiteres Kapitel, das bisher noch in keinem Naturführer erschien. Es sollte gelesen und beherzigt werden, nachdem der folgende Dialog stattgefunden hat.

»Oh, sieh doch mal – was ist denn das?«
»Meinst du das, was da über die Brennesseln in die Brombeerhecke fliegt?«
»Ja. Hol es mir.«
»Nein.«
»Hast du eine Ahnung, was das für ein Ding war?«
Es war eines der folgenden Dinge.

Langes, dünnes, weisses, fliegendes Ding
Gelegentlich auch als Altweibersommer bezeichnet. Spinnen sind das Exekutionskommando der Natur. Sie können Stunden damit verbringen, an ihren Fäden durch die Luft zu schwingen, um kurz vor der Landung irgendein unglückliches Insekt einem unerbittlichen Verhör zu unterziehen. Die Frage, die sie gemeinhin stellen, lautet: »Haben Sie noch einen letzten Wunsch?«

Kleine weisse Fallschirmdinger
Die Fähigkeit des Löwenzahns, die Uhrzeit angeben zu können, wird weitgehend überschätzt. Stets gibt es da einen letzten Samen, der sich prompt weigert, davongeblasen zu werden. Gewöhnlich kommt dabei 29 Uhr heraus. Nichtsdestotrotz versuchen es die Leute immer wieder. Das erklärt die Anwesenheit der kleinen weißen Fallschirmdinger überall in der Luft. Vergessen Sie nicht – mit Ende der Sommerzeit muß der Löwenzahn eine Stunde zurückgestellt werden.

KLEINE WIRBELNDE HUBSCHRAUBERDINGER
Der Hubschrauber wurde nicht von Leonardo da Vinci erfunden, sondern vom Lindenbaum. Es ist durchaus naturüblich, die Samen so weit wie möglich zu verbreiten; auf den Menschen übertragen handelt es sich um den elterlichen Drang, die Kinder so schnell wie möglich loszuwerden. Der Drang der Linde besteht nun darin, die gesamte Erdoberfläche mit Linden zu überziehen. Das bedeutet, daß man sein Auto nirgendwo parken kann, ohne daß es von diesem klebrigen Zeug überzogen wird. Ich denke, wir sollten es uns leisten, gegen die Hubschraubersamen rücksichtslos vorzugehen und sie abzuschießen, wenn sie vorbeikommen.

KLEINE WIRBELNDE WEISSE FETZEN
Es sind Teile von Airline-Servietten aus irgendeinem Flugzeug hoch droben am Himmel entflogen, meistens nach einem Sprengstoffattentat. Rennen Sie um Ihr Leben.

KLEINE WIRBELNDE WEISSE PUNKTE
Sie werden auch Schneeflocken genannt. Daß alle Schneeflocken verschieden aussehen, ist eines der Wunder der Natur. Aber das eigentliche Wunder ist gar nicht, daß sie unterschiedlich aussehen, sondern daß es jemand geschaffen hat, sie unter ein Mikroskop zu bringen. Können Sie sich vorstellen, im Schnee zu sitzen und verzweifelt darum bemüht zu sein, einen dieser kleinen wirbelnden weißen Punkte unter das Mikroskop zu·legen? Ich persönlich bin davon überzeugt, daß das unmöglich ist und glaube, daß all diese Schneeflokkenfotos Fälschungen sind. Entweder wurden sie im Laboratorium gemacht, oder es handelt sich dabei um abgeschlagene Stücke aus durchgedrehten Tiefkühltruhen.

LANGE WEICHE FARBIGE DINGER
Hierbei handelt es sich um die Teile eines Vogels, Federn genannt. Die Vögel benutzen sie zum Warmhalten, Fliegen oder um Wasser daran abperlen zu lassen und, in der guten alten Zeit, um Briefe damit zu schreiben. Sind sie abgetragen, lassen die Vögel sie einfach im Fluge fallen. Die Menschen neigen dazu, sie aufzuheben und zu behalten, um sie in ihre Kissen zu stopfen. Vögel neigen ihrerseits dazu, menschliches Haar aufzusammeln, das nicht mehr gebraucht wird, um es in ihr Bettzeug zu tun. Das ist so einer der kleinen Scherze der Ökologie.

Kleine dunkle Dinger, die sich mit mehr als 450 Stundenkilometern bewegen

Wenn Teile anderer Planeten in unsere Atmosphäre eindringen, beginnen sie zu verglühen und haben zum Zeitpunkt ihrer Landung genau die Größe, um im örtlichen Museum auf einen Karton mit der Aufschrift: »Einheimischer Fund. Herkunft unbestimmt« ausgestellt zu werden. Versuchen Sie ja nicht, diese Dinger zu fangen. Sie sähen ganz schön alt aus mit einem Loch in der Hand.

Kleine dunkle Dinger, die sich mit weniger als 450 Stundenkilometern bewegen

Wenn Teile unserer Bäume in unsere Atmosphäre eindringen, beginnen sie in der Gegend herumzuschwirren, und es ist ganz unmöglich, sie zu fangen. Man kann sich einen ganzen Nachmittag mit dem Versuch vergnügen, Blätter zu fangen – das heißt, wenn einem die zunehmende Frustration nichts ausmacht. Sind sie erst einmal gelandet, werden sie ein Teil der natürlichen Exkremente (siehe Kapitel »Leblose Objekte, die am Boden liegen«).

Kleine dunkle aufwärtstreibende Dinger
Bestandteile eines Kartoffel- oder Freudenfeuers in der Nähe.

Kleine glänzende Fragmente mit der Aufschrift »Made in USA« oder »Made in USSR«
Bestandteile eines Satelliten, der in der Nähe vorbeigeflogen ist.

19. Leblose Objekte, die weit außer Reichweite fliegen

Die Meteorologie ist eine ausgesprochen unglückselige Wissenschaft. Eigentlich müßte sie doch die Lehre von den Meteoren sein (was sie aber nicht ist), und außerdem befindet sie sich seit drei Jahrzehnten – im Gegensatz zu anderen Wissenschaften – pausenlos auf dem Rückzug.

In den fünfziger Jahren waren wir doch alle felsenfest davon überzeugt, das Wetter bald unter Kontrolle zu haben. Das Impfen von Wolken war damals eine ganz alltägliche Sache. Es ging darum die Wolken mit bestimmten Kristallen anzureichern, um sie dadurch abregnen zu lassen – etwa wie bei einem Filmstar künstliche Tränen hervorgerufen werden. Diese Experimente liefen über drei Jahrzehnte, bis dann im Jahre 1982 verstohlen mitgeteilt wurde, man habe das Programm abgesetzt. In all den Jahren war lediglich ein einziger Regenschauer erzeugt worden, und selbst der war nicht besonders eindrucksvoll.

Aber wenn schon Kontrolle nicht möglich war, so dachten wir doch zumindest, daß man mit den Voraussagen ein wenig vorankommen würde. Die Satellitenfotografie gab in den siebziger Jahren den Anstoß für langfristige Wettervorhersagen von jeweils einem Monat. Das wiederum gab den Anstoß für die Feststellung, daß diese langfristigen Wettervorhersagen in den meisten Fällen falsch waren. Und das gab wiederum den Anstoß dafür, die langfristigen Wettervorhersagen wieder fallenzulassen und sich zu dem Zugeständnis zu bequemen, genaue Voraussagen seien lediglich für den nächsten Tag, im besten Falle für die nächsten beiden Tage möglich – und selbst das nicht immer.

Mit anderen Worten: Wir waren im Grunde genommen wieder genau da, wo wir in den fünfziger Jahren schon einmal gewesen waren – allerdings nun mit erhöhtem Mißtrauen ausgestattet. Der einzig wirklich erreichte Fortschritt besteht in diesen hübscheren Wetterkarten im Fernsehen und in freundlicheren Wetterfröschen, nicht gerade viel für drei Jahrzehnte wissenschaftlicher Arbeit. Vielleicht hätte man doch besser daran getan, sich dem Studium der Meteore zu widmen.

Ich für meinen Teil vermute auch, daß die Meteorologie in der strengen Abhängigkeit zur lateinischen Sprache verkümmert ist. Ich meine, jeder andere Naturforscher ist doch tolerant genug, sich zu Bezeichnungen wie Eiche, Kröte oder Dotterblume herabzulassen und nicht auf Querquus, Bufo bufo und Ranunculus zu beharren. Aber Meteorologen werden wohl nie zugeben, daß es auch deutsche Bezeichnungen für Cumulus und Cirrus gibt. Und wenn wir es recht bedenken, haben wir sogar noch Glück, daß sie nicht auf *Fronto calidus aut frigidus* für Warm- oder Kaltluftfronten bestehen. Allerdings haben Meteorologen mehr zu verbergen als andere Menschen, und darum müssen wir ihnen wohl verzeihen, daß sie zum Latein Zuflucht nehmen.

Hier seien zumindest die zehn Hauptarten von Wolken und was sie bedeuten der deutschen Sprache zurückgegeben.

STRUMPFMASKENWOLKEN

Wenn Bankräuber sich mit Wollmasken tarnen oder kleine Kinder sich Mamis Nylons über die Köpfe ziehen, um ihr so den Schreck des Lebens zu verpassen, sind ihre Gesichter furchterregend verzerrt und bedrohlich entstellt. Es gibt eine ganz bestimmte Wolke, die genauso aussieht; sobald sie vor die Sonne zieht, schielt die Sonne böse wie ein Kinderschreck oder eine Horrorgestalt aus Videofilmen durch den schmutzigen Wolkenvorhang. Diese Wolke bringt Regen. Auch Hagel, Schnee, Graupel, Frösche, Heuschrecken, Blitz, Donner sowie Mord und Totschlag auf dem Mond.

HERINGSWOLKEN

Heringswolken sollten leuchtend und schimmernd aussehen, mit silbernen Bäuchen und glitzernden Rändern. Sehen sie trübe und grau

aus, schenken Sie ihnen keine Aufmerksamkeit. Es wird lediglich regnen.

WATTEWÖLKCHEN
Das sind jene Wolken, die uns von einem typischen deutschen Sommertag her so vertraut sind und die so hübsch und weiß am blauen Himmel dahinsegeln. Verwirrenderweise tauchen sie aber auch an einem typischen frostigen deutschen Wintertag auf. In beiden Fällen handelt es sich um das, was man als typische Schönwetterwolke bezeichnet – das heißt, es wird mit an Sicherheit grenzender Wahrscheinlichkeit in einer Stunde oder so zu regnen beginnen. Man kann sich damit trösten, daß die Wattewölkchen bald darauf wieder da sein werden.

Bedenken Sie, daß diese hübschen weißen Wattewölkchen in der Dämmerung dunkel und bedrohlich aussehen. Es sind aber genau dieselben.

HOCHFLIEGENDE FEDERN
An einem typischen Sommertag, aber auch an einem typischen Wintertag – und das gleiche gilt für Frühling und Herbst – kann man häufig sehr hohe weiße Wolken in vielleicht 7000 oder 10 000 Metern Höhe, unter Umständen auch in 15 000 Metern Höhe entdecken. Ihr Anblick ist ein sicherer Beweis dafür, daß nichts zwischen ihnen und dem Erdboden ist, was angesichts dieser Entfernung ein durchaus gutes Zeichen ist. Andererseits sind sie genau das, was man als Veränderungwolken bezeichnet. Und das heißt nichts anderes, als daß man sich in sehr kurzer Zeit mit einem Wetterwechsel abfinden muß.

Mit anderen Worten: Regen.

Die Federwolken stehen so hoch, daß es sich bei ihnen in der Tat um Eispartikel handelt. Wenn man sie mit einem Flugzeug durchfliegt, entsteht ein ohrenbetäubender Knall, den man auch auf der Erde hört, aber nur bei schönem Wetter.

GROSSE GRAUGRÜNE SCHMIERIGE WOLKEN
Diese Wolken haben eindeutig die Farbe von Abwaschwasser. Mit großer Geschwindigkeit kommen sie über die Dächer herangefegt und wirken wie zerrissene Kleidungsstücke. Mitunter teilen sie sich, um den Blick auf ein Flugzeug preiszugeben, das auf der krampfhaften Suche nach München-Riem ist. Dann schließen sich die Wolken schnell wieder und es fällt einem dabei nur Abwaschwasser ein, in dem

man krampfhaft nach dem vergessenen Löffel sucht. Immerhin kündigen diese Wolken keinen Regen an.

Es regnet nämlich bereits.

Doch schon bald wird es damit vorbei sein, die Sonne wird hervorbrechen und eine Landschaft beleuchten, die so glitzert und schimmert wie Geschirr, bei dem man die Klarspülung vergessen hat.

Spülmittel-Wolken

Sie tauchen für gewöhnlich gegen Sonnenuntergang auf, wenn die Strahlen der sinkenden Sonne die Wolkenbank am Horizont in allen Farben des Regenbogens schillern läßt – Orange, Zitrone, Limone, Himbeere, Veilchen, Iris. Einem perfekten Tag setzen sie ein perfektes Ende, und selbst Caspar David Friedrich wäre beeindruckt davon. Kurz danach beginnt es zu regnen.

Dichter-Wolke

Aus ihr, ohne Wahl, zuckt der Strahl. Oder zuckte jedenfalls durch Generationen deutscher Schülerhirne, wenn sei beim Schiller-Aufsagen nicht mehr weiter wußten. (Unter uns gesagt, ich wüßte auch nicht weiter an dieser Stelle. Immer wenn ich darauf stoße – auf dieses »ohne Wahl« meine ich – dann frage ich mich, wie weit es mit Schillers demokratischer Gesinnung her war. Aber das sprengt doch den Rahmen dieses Buches.) Es handelt sich immer um eine einsam wandelnde Wolke. Bemerkenswert, denn Wolken treten sonst immer in Horden auf. Das hat sie gemeinsam mit einsam wandelnden Dichtern, aber im Gegensatz zu diesem ist die rüpelhafte Einzelgänger-Wolke immer auf der Suche nach einem Opfer ohne Regenschirm, um ihm einen kräftigen Schauer zu verpassen – und wenn es ein Dichter ist.

Fotoclub-Wolken

Das sind die heißgeliebten Wolken des Amateurfotografen. Gehen Sie doch mal in irgendeine x-beliebige Ausstellung Ihres örtlichen Fotoclubs, und ich garantiere Ihnen, daß all jene Fotos, die weder Tiere, Freundinnen oder Blumen darstellen, dramatische Wolkengebilde zeigen – im Gegenlicht, die Sonne durchbrechend, Lichtbündel bündelnd, mit einer Prise Gewitter und Beethovens Pastorale fast schon hörbar. Gelegentlich tauchen sie auch nachts auf, mit dem Mond in der Rolle der vorübergehend indisponierten Sonne.

Sie sind die direkten Nachfahren jener Wolken, die auf den

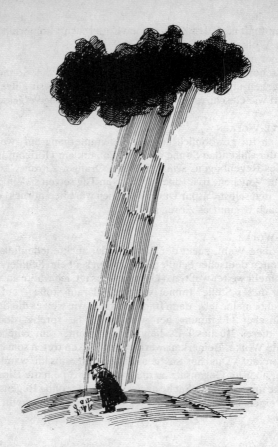

großartigen Ölgemälden abgebildet sind. Man könnte sie vielleicht auch klassische Cherubim-Wolken nennen, denn seinerzeit trugen sie kleine Engel, die aus allen Winkeln und Falten hervorbrachen, Trompete spielten und schüchtern lächelten. Aber vielleicht absolvierte auch die heilige Agnes auf ihnen einen Gastauftritt oder Joseph von Arimathia hing in etwa 7000 Metern Höhe über der Szenerie, denn sie erschienen ausgesprochen häufig auf Deckengemälden. Ich halte jede Wette – wäre man vor 300 Jahren in eine Ausstellung der Maler von Siena geplatzt, die vielleicht unter dem Motto stand:

»Einige neue Decken-Tendenzen«, hätte man auch nichts anderes zu sehen bekommen als klassische Cherubim-Wolken. Abgesehen von Tieren, Freundinnen und Blumen natürlich.

Sie kommen auch in der Natur vor, diese Fotoclub-Wolken, aber wir kommen selten dazu, ihnen große Aufmerksamkeit zu widmen. Wir sind viel zu sehr damit beschäftigt, den Schirm aufzuspannen.

AUSFRANSENDE SCHNUR-WOLKEN
Wenn ein Flugzeug sehr hoch fliegt, zieht es häufig einen dünnen weißen Streifen hinter sich her, der sich nach und nach ausdehnt, bis er oben am Himmel die Form von Pflugspuren angenommen hat. Natürlich können Sie sich selbstgefällig zurücklehnen und sagen: »Selbstverständlich ist das gar keine Wolke. Es handelt sich lediglich um einen Kondensstreifen, den das Flugzeug zurückgelassen hat.«

Aber da irren Sie sich, und zwar gründlich. Alles, was wie eine Wolke geformt ist, ist auch eine Wolke. Die Hälfte aller Mißverständnisse in der Natur entsteht allein dadurch, daß man den Dingen verschiedene Namen gibt; wenn man es also am Himmel Wolke nennt, aber Nebel, wenn es sich auf die Autobahn Hamburg–Basel hinuntersenkt, oder Dunst, wenn es nach Industrie riecht. Ich frage mich manchmal, ob dieses Buch nicht bereits viel zu spät kommt.

Eins muß man der ausfransenden Schnur-Wolke jedoch lassen. Sie bringt keinen Regen. Dafür öfter mal Staatsbesuch und sonstige Touristen.

ALLUMFASSENDE RUNDUM-WOLKE
Hierbei handelt es sich um die Wolke, die Sie sehen, wenn der Himmel zu beschäftigt ist, um eine spezielle Wolkenformation zu entwickeln. Sie breitet sich in einer gleichmäßigen grauen, torfbraunen Mischung

über das gesamte Firmament, an den Rändern schön geglättet, damit ja keine Risse oder Falten entstehen. Trotz ihres unscheinbaren Äußeren ist sie sehr fruchtbar. Schon innerhalb der nächsten Stunden sollten Sie eigentlich dicke, große Tropfen daraus hervordringen spüren.

Deine Freunde, die Naturliebhaber
oder: Menschliche Ökologie in der Landschaft

Auf den ersten Blick sieht jedes Stück mitteleuropäischer Landschaft so aus, als wäre es gänzlich menschenleer. Es sei Ihnen also verziehen, wenn Sie glauben, dort lebe niemand.

In der Tat kommt das der Wahrheit sogar recht nahe. Heutzutage lebt doch kaum noch jemand auf dem Lande. Nachts schlafen ein paar Börsenmakler dort, und morgens in aller Herrgottsfrühe erscheinen die Landarbeiter, um die Maschinen anzuwerfen, am späten Abend kommen sie wieder, um sie auszuschalten. Gelegentlich erhascht man einen Blick auf die fast ausgestorbene Aristokratie, die wie Indianer in ihren schrumpfenden Reservationen lebt und auch ganz ähnlich gekleidet ist. Aber das Leben auf dem Lande wird zunehmend schwieriger. Sie werden wahrscheinlich höchstens in einem Straßengraben auf den Körper irgendeines armen Teufels stoßen, der da unbeirrbar der Ankunft des Überlandbusses harrt.

Aber warten Sie dennoch ein Weilchen ab, verhalten Sie sich ganz ruhig, und irgendwann werden sie doch kommen. Keine Landbewohner natürlich, wohl aber Städter, die sich aus ganz speziellen Gründen aufs Land hinaus begeben. In der Wissenschaft setzt sich die Auffassung durch, daß ein eigenartiger Prozeß eingesetzt hat, bei dem die Natur in die Stadt zieht und die Städter aufs Land getrieben werden. Habichte, Bussarde, Falken, Füchse – sie alle werden durch Chemikalien und Pestizide in die Stadt gezwungen, während Auto- und Industrieabgase, Streß und die hübschen Bilder im Fernsehen die Städter aufs Land locken, und sei es auch nur für einen Tag.

Die menschlichen Landbesucher sind offenbar durch eine faszinierende ökologische Kette miteinander verbunden, jeder von ihnen ist ein Glied in dem lebenswichtigen Prozeß, der die offene Landschaft davor bewahrt, gänzlich entvölkert zu werden. Sie, bewaffnet mit diesem Buch, sind lediglich einer davon, und es könnte für Sie von einigem Interesse sein, zu wissen, wie Sie sich in diese Kette einfügen.

Einer der seltensten und exotischsten Landbewohner ist das *Fotomodell*, eine überhaus hübsche, aber offensichtlich sehr zerbrechliche und hilflose Kreatur, die von Pose zu Pose flattert, als wäre jede ihre letzte. Erschreckend dünn, wirkt sie so, als könne sie nicht einmal Kinder gebären, um ihre Art zu erhalten. Aber keine Angst; in zehn Jahren wird sie überzeugte Mutter von fünfen sein. Ihre hinfällige Erscheinung tarnt eine eiserne Konstitution, die sie dazu befähigt, ihre Aufgaben zu bewältigen – sei es nun, Pelzmäntel im sommerlich heißen Mittenwald vorzuführen oder spärliche Badeanzüge bei unter Null am Strand von Westerland zu zeigen.

Der Mann, der sie hierhergebracht hat, ist der *Modefotograf*, dessen hartes, männliches Äußeres ein hochsensibles, scheues Naturell verbirgt. Ziehen Sie ihn an wie ein Mannequin, er würde glatt eingehen. Er braucht einen Bart, widerstandsfähige Lederkleidung und großzügig bemessene Dosen aus seinem Flachmann. Bei ihm handelt es sich um einen jüngeren Verwandten des...

... *Landschaftsmalers*: Stets ein älterer Mann oder eine ältere Frau, die bewegungslos vor einer Leinwand sitzen, auf der eine halbe Kirche abgebildet ist. Die haben sie gemalt, bevor Sie aufgetaucht sind, und den Rest werden sie malen, wenn Sie wieder fort sind. Während Sie da sind, werden sie jedoch regungslos verharren, weil sie es nicht ertragen können, daß ihnen über die Schulter gesehen wird von...

...Ihnen. Sie, fürchte ich, und ich, fürchte ich auch, gehören zur großen Familie der *Streuner*. Wir befinden uns am unteren Ende der Skala, weil wir nicht recht wissen, wohin wir eigentlich wollen und uns von der geringsten Kleinigkeit am Wege ablenken lassen. Und wenn wir etwas betrachten, wissen wir stets und ständig viel zu wenig von unserem Anschauungsobjekt. Am oberen Ende der Skala befindet sich der ordentliche Streuner, dem gar nicht in den Sinn kommt, etwa etwas anderes zu tun, als zu streunen. Angetan mit vernünftiger, dicker, grüner Kleidung marschiert er übers Land, bewaffnet mit ungeheuer ausführlichem Kartenmaterial, Stiefeln – die den Neid jedes Wildhüters in Nordkanada erregen würden – und Kopien von gesetzlichen Vorschriften für jede Gelegenheit. So etwas wie Vergnügen zeigt sich bei ihm oder ihr (das Geschlecht ist bei dieser Spezies nicht immer auf Anhieb erkennbar) nur, wenn sie einen rechtmäßigen Weg entdecken, dem es gefallen hat, sich überwachsen zu lassen, und über den sie nun frohgemut einhertrampeln, fast ein Lächeln auf den immer dünnen Lippen.

Wenn jemand noch weniger Spaß am Vergnügen zeigt als der ordentliche Streuner, handelt es sich mit Sicherheit um einen *Einsamen Vogelbeobachter*, einen sehr nahen Verwandten. Selbst wenn sich Vogelbeobachter in Gruppen bewegen, sind sie doch grundsätzlich einsam. Sie zeigen nie Vergnügen, nur Hingabe, und tragen jede Menge Ferngläser, Mikrophone, Tonbandgeräte und Vogellexika, mit denen sie sich langsam, nachdenklich und mißmutig an das matschigste, nasseste und unzugänglichste Stück Landschaft heranpirschen, das sie finden können. Sind sie dort angekommen, verharren sie regungslos. Aus allen Teilen Europas kommen die Vögel scharenweise herangeflogen, um diesen eigenartigen Anblick zu genießen. Die Vogelbeobachter richten ihre Ferngläser auf sie. Die Vögel betrachten die Vogelbeobachter, und die starren zurück. Diese Pattsituation könnte monatelang anhalten, wenn die Vögel nicht verscheucht würden durch die gelegentlichen lärmenden Auftritte eines...

...*Polizei-Kordons*. Dabei handelt es sich um eine Schar von Polizisten mit stumpfblauem oder grünem Gefieder. Etwa 80 Exemplare laufen nebeneinander durch die Landschaft. Klar abgehoben vom Hintergrund und laut durchs Unterholz knackend, hoffen sie dennoch, so lange unsichtbar und unhörbar zu bleiben, bis sie den...

...*Entflohenen Strafgefangenen* erwischt haben. Dieser bedauernswerte Mann hat kürzlich seine Frau getötet oder ist aus einem ungastlichen Gefängnis entwichen. Kaum verwunderlich, daß er diesen Teil seines Lebens hinter sich lassen will. Doch die Polizei zeigt keinerlei Verständnis für seine Probleme und scheint entschlossen, in seiner Vergangenheit herumzustochern. In Romanen würde der Flüchtling mit letzter Kraft in ein Bauernhaus stolpern, wo er von der mitleidigen Bäuerin versteckt wird, dann aber doch vom Bauern ausgeliefert wird, weil der mit dem Schurken eine Rechnung zu begleichen hat. Im richtigen Leben kann er meistens entkommen. Die

Polizei wäre meiner Meinung nach besser beraten, wenn sie sich um den...

...*Blumen-Strolch* kümmern würde; einem Stadtmenschen, dessen Liebe zur Natur sich darin ausdrückt, daß er so viele Arme voller Wildblumen pflückt, wie er nur finden kann. (Nimmt er lediglich sehr seltene Blumen, nennt man ihn anders: Botaniker.) Im Winter, wenn es keine Blumen gibt, klaut er statt dessen junge Weihnachtsbäume. Man könnte annehmen, er wäre eine Quelle steten Verdrusses für den...

...*Bauern*; doch da erläge man einem Trugschluß. Es hat sich noch nicht überall herumgesprochen, daß Bauern die Natur hassen und alles tun würden, um sie loszuwerden. Genau wie ein Seemann das Meer haßt und fürchtet, verfluchen die Bauern alles und jedes, was ihre Ernte bedroht. Um sie zu schützen sind sie bereit, alles andere zu erschießen, zu zerbomben, zu sprengen und unter Einsatz vom C-Waffen auszurotten. Nur selten wird man einem Bauern begegnen, der auch gern gärtnert. Warum sollte er einem Büschel Adonisröschen zur Hilfe kommen?

Nein, ein Bauer ist lediglich an einem interessiert – Geldverdienen. Und weil das so ist, sind die einzigen Menschen, die er respektiert, jene *Leute, die für diese Restaurantführer schreiben*. Der Bauer weiß, daß es diesen Veröffentlichungen in den letzten Jahren gelungen ist, ganze Reihen von Autobahnraststätten, Bahnhofsimbissen und Cafeterias in der Nähe von Touristentreffpunkten buchstäblich in den Ruin zu treiben. Und nun fürchtet er, als nächstes könnten jene Bauernhäuser dran sein, wo den Passanten Tee und Kuchen angeboten wird. Er spürt in den Knochen, daß er fällig ist und richtet sein ängstliches Augenmerk auf alles und jeden, der den Weg zu seinem Gehöft heraufkommt, da er nicht weiß, wie ein solcher Inspekteur eigentlich aussieht – genauso wenig wie wir. Er weiß allerdings auch nicht, daß der für diese Gegend zuständige Inspekteur gar nicht die Absicht hat, sich auf Bauernhöfen umzusehen. Der hockt im Dorfkrug und schwärmt ekstatisch vom edlen Wein, köstlichen Champagner und unvergleichbaren Schnäpsen, die ...

... *Jägern* gereicht werden; den einzigen Menschen, die in Kneipen auf dem Pferderücken trinkend gesehen werden können. Nur einen Schluck wollen sie nehmen. Gut, vielleicht noch einen großen. Aber dann, dann galoppieren sie wieder davon, ihre Hunde voran, um ihren natürlichen Feind aufzuspüren und zu vernichten, den *Agenten*. Diese bedauernswerten Lebewesen, bekleidet mit Anorak, Krankenkassenbrillen und Turnschuhen, äußern stets und ständig lauthals Empörung, die Wissenschaft ist jedoch mittlerweile davon überzeugt, daß sie die Jagd insgeheim genießen. Der Agent flieht gewöhnlich in kleinen Autos ausländischen Fabrikats oder, weit pfiffiger, mit dem Fahrrad, obwohl er nicht mit dem ...

... Ordentlichen Radfahrer verwechselt werden darf, der überall als *Radler* bekannt ist. Die größte Freude seines Lebens besteht darin, unberührte Flecken Landschaft zu entdecken, wo er Aufnahmen von seinem Fahrrad (groß, im Vordergrund) mitten im Gelände (klein, grau und verwaschen im Hintergrund) machen kann, die er dann an Zeitschriften mit Namen wie *Auf Tour* oder *Drahtesel* schickt. Am liebsten trägt er bunte Plastikkleider und besitzt die erstaunliche Fähigkeit, all seine irdischen Besitztümer in einem Behälter zu verwahren, der etwa die Größe eines Tabaksbeutels hat. Darin ist er das genaue Gegenteil des ...

... *Wochenendhäuslers*, der es als ausgesprochen schwierig ansieht, genug Vorräte für ein kurzes Wochenende in seinem großen Volvo-Kombi unterzubringen. Er nimmt außerdem seine Frau, drei Kinder (von denen eines nicht mit ihm verwandt ist), einen großen Hund und einen großen Rasenmäher mit, der in der Stadt repariert worden ist, weil viele Städter (aufgrund von Beobachtungen an Bauern) zu der Überzeugung gekommen sind, das Landleben nur durch die Anschaffung eines riesigen Maschinenparks – möglichst geräuschvoll – richtig genießen zu können. (Dabei entgeht ihnen allerdings, daß Bauern das Landleben keineswegs genießen.)

In dieser Kategorie gehören auch noch die *Motocross-Fanatiker*, die *Liebhaber ferngesteuerter Modellflugzeuge* und der *Bundeswehrangehörige im Manöver auf dem Lechfeld*, die alle Anhänger der Gleichung Krach = Ekstase sind. Eine seltsame Mutation der Gene hat jedoch auch die genau entgegengesetzte Kategorie hervorgebracht, die Anhänger der Kunst des absoluten Schweigens. Hoch oben am Himmel schwebt der *Wochenend-Gleiter*; näher am Erdboden können wir das Hochhüpfen und Absacken, mitunter auch Zerschellen des *Hängegleiters* verfolgen, während dicht am Boden das zu beobachten ist, was früher einmal die fast ausgerottete Spezies der *Ballonfahrer* war. Mein Vetter in Schottland traf einmal einen Ballonfahrer auf seinen Feldern, der gerade um den Aufstieg kämpfte. Als *Bauer* ist mein Vetter mit seiner Flinte losgezogen, um ihm den Garaus zu machen, hat im letzten Moment jedoch davon Abstand genommen, als er erkannte, daß es sich bei dem Ballonfahrer um David Attenborough handelte, das einzig bekannte Exemplar dieser besonderen Spezies. Der David Attenborough weist ein einmaliges Zug-Verhalten auf. Er fliegt um die ganze Welt auf der Suche nach gutem Licht und anderen Spezies, die so selten sind wie er selbst. Der Ballon gehörte ihm natürlich nicht; er war gemietet und sollte eine Woche später für Werbe-Aufnahmen eingesetzt werden, befrachtet mit einem *Fotomodell*, was uns zum Beginn unserer ökologischen Kette zurückbringt.

Es ist sehr von Vorteil, all diese Spezies wiedererkennen zu können – im Falle meines Vetters und David Attenborough sogar lebenswichtig – und das Gefühl, ein Bestandteil einer großartigen Vielfalt zu sein, welche die offene Landschaft mit Beschlag belegt, wenigstens am Tage, kann uns zusätzliches Vergnügen bereiten. Vielleicht haben Sie auch Freude daran, andere Spezies zu entdecken, die ich noch unerwähnt gelassen habe. Versuchen Sie, sie in die Kette einzupassen. Zum Beispiel den *Einsamen Kletterer*, der hilflos in der Felswand an seinen bunten Seilen hängt; oder den Lehrer mit seiner Jugendgruppe, das Bergrettungsteam schon auf den Fersen; oder den Orientierungsläufer in Unterwäsche, und so weiter.

Viel Glück!

Kräuter und Gewürze

Ein besonderes Kapitel für zusätzliche Würze

Wie bei allen Dingen in der Natur gibt es auch viel zu viele Kräuter und Gewürze und viel zu viele Bücher über sie. Ich weiß zwar nicht recht, wie Sie dazu stehen, aber jedesmal, wenn ich eine dieser aufsehenerregenden Veröffentlichungen zu Gesicht bekomme, wo drinsteht, daß eine einfache Infusion von Gemeiner Schafgarbe meine Gürtelrose kurieren, mein Blut reinigen und meinen Haarausfall stoppen kann, fühle ich mich alles andere als besser.

Hier also, als Schlußbukett für dieses Buch, eine zweckmäßige Liste aller bekannten Kräuter und Gewürze, reduziert auf zehn. Kräuter und Gewürze gehören nicht wirklich zur Natur, sie sind eher Bestandteil der Druck-, Verpackungs- und kosmetischen Industrie, dennoch bin ich fest überzeugt, daß dieses kleine Sonderkapitel Ihrem Leben eine gewisse Würze verleiht und daß Sie sich danach wesentlich gesünder fühlen werden. Es sollte jedesmal gelesen werden, wenn Sie in sich den Drang verspüren, Holunderblätter zu kochen oder Ihr Gesicht mit Löwenzahntee zu waschen. Der Drang läßt schnell nach.

BALLASTSTOFFE

Jedes Blattwerk, das plötzlich gelbe, rosa- oder purpurfarbene Blüten hervorbringt, sind Ballaststoffe. Diese hübschen, altmodischen Kräuter machen sich herrlich in Cocktails, Kuchen und Vasen. Es heißt, daß sie Angina, Retsina, Schlawiner und Berliner kurieren.

(Merke: Noch nie hat ein Kraut irgend etwas geheilt; es wird nur gesagt, daß sie heilend wirken. Und das stützt sich jedesmal auf die Aussage eines Mannes namens Kunibert, der im Jahre 1678 das Zeitliche gesegnet hat. Niemand hat jemals gesagt, woran er eigentlich gestorben ist. Das Eigentümliche ist, daß er eine Überdosis Ballaststoffe zu sich nahm. Aber das wurde damals vertuscht.)

SCHNUPFPULVER

Schupfpulver ist ein Heilkraut, das im Mittelalter verbreitet als Mittel gegen Gicht, Wassersucht, Skorbut, Untreue, Schüttelfrost und ähnliches angewandt wurde. So um 1700 herum hörte es ganz plötzlich auf, all diese Gebrechen zu kurieren – aus Gründen, die wir bis jetzt noch nicht ganz verstehen. In seiner Naturform ist es eine hohe, ansehnliche grüne Pflanze, die wild am Straßengraben oder angebaut in Tudor-Kräutergärten wächst. Allerdings hat es noch niemand in dieser Form wachsen sehen, lediglich in der Art, die von den Reformhäusern und Kräutergeschäften bevorzugt wird: zu feinem braunem Staub gerebelt in einem teuren Duftbeutelchen.

(Kräutergeschäfte und Reformhäuser bevorzugen alles in der Form eines gerebelten, braunen Staubes. Da sie andererseits pausenlos auf die Unnatürlichkeit der Dinge hinweisen, scheint hier ein gewisser Widerspruch vorzuliegen.)

AUGENTROST
Hierbei handelt es sich um eine ausgesprochene attraktive grüne Pflanze mit grünen Blüten und grünen Blättern, die wild in den Gärten anderer Leute wächst. Pflücken Sie ein Blatt ab, zerreiben Sie es zwischen zwei Fingern und riechen Sie daran. Die Pflanze ist absolut geruchlos, aber die Einbildungskraft ist so groß, daß Sie auf der Stelle ein überaus starkes Aroma von Zitronen, Verbenen, Softlan, Pfefferminz oder was Sie sich sonst noch wünschen können, verspüren werden. Das Kraut kann zur Zubereitung von Suppen, Gulasch, Kuchen und erfrischenden, heißen Bädern benutzt werden. Irgendwelche schädlichen Nebenwirkungen sind nicht bekannt.

FARNKRAUT
Eines der bekanntesten Kräuter. Es handelt sich um eine attraktive Pflanze mit gefiederten Blättern und kann Suppen, Gulasch, Kuchen und erfrischenden heißen Bädern beigegeben werden. Selbstverständlich hat Farnkraut eine gewisse Ähnlichkeit mit allen anderen Kräutern, die ähnlich angewendet werden, bis auf Isländisches Moos, aber Farnkraut ist doch anders, weil es in der Tat nach etwas schmeckt. Aber nach was, das ist ziemlich schwierig festzustellen. Petersilie? Frischer Grasschnitt? Irgendeine Art Süßholz? Swimmingpools? Ist aber auch egal – es macht sich ganz ausgezeichnet in gemischten Salaten und auf den Umschlägen von Kräuterbüchern.

SCHMECKBLATT
Ein praktischer Name, mit dem alles und jedes geschmückt wird, soweit es in diesem Kapitel nicht behandelt wird. Schmeckblatt ist

braun, pulverisiert, aromatisch und kostspielig. Unter dem Namen Ostmann oder Demeter gibt es ein ausgezeichnetes Geschenk ab.

Kreuzkümmel oder Indisches Gartenkraut
Dieses Kraut wächst in Kistchen auf dem Pflaster vor Geschäften mit asiatischen Lebensmitteln. Es sind längliche, ziemlich schlaffe Stiele, die sich hervorragend kaufen, nach Hause nehmen und Freunden zeigen lassen, die ebensowenig wie Sie wissen, woum es sich eigentlich handelt. Nehmen Sie es, bringen Sie es zurück zum Geschäft und tauschen Sie es gegen die kochfertige Version ein, die bekannt ist unter dem Namen...

Gelber indischer Staub
Trotz seines eindeutigen Namens kann dieses Gewürz auch braun, blau, purpur- oder pappfarben sein. Lassen Sie die Hände von Produkten zweifelhafter Herkunft. Das Originalgewürz wird lediglich von Frau J. Veeraswama, 39 Calcutta Mansions, Old Bangapur, Utter Pradesh, hergestellt und vertrieben. Es kann benutzt werden zur Zubereitung von Suppen, Gulasch, Saucen, Curries, heißen Bädern und allem anderen, was Sie gern orange eingefärbt hätten.

Lange getrocknete Schoten
Es handelt sich um ein Gewürz, das genauso aussieht wie ein mumifiziertes Insekt. Vielleicht ist es das auch. Es wächst in Küchenschränken ganz hinten und ist ganz ausgezeichnet, wenn es süßen Saucen oder Puddings kurz beigeben wird. Nicht ganz so ausgezeichnet ist es, wenn man es Kuchen beigibt, weil es dann schwierig ist, diese in den Ofen zu bekommen. Es ist auch nicht ratsam, es heißen Bädern zuzusetzen, weil es Sie entweder erstechen oder durch den Abfluß rutschen würde. Allerdings ist es ausgesprochen praktisch, damit alle jene heiklen Ecken zu säubern, die der Staubwedel nicht erreicht. Es ist auch als Rückenkratzer einsatzfähig.

Kresse
Ein entzückendes kleines Kraut, das aus winzigen Samen gezüchtet wird, die man in winzigen Tüten auf den Drehständern der Gartenbedarfsgeschäfte finden kann. Streuen Sie diese Samen sparsam auf ein Stück alten Flanell, halten Sie alles sechs Tage lang feucht und dunkel, und Sie werden eine hervorragende Ernte grüner Sämlinge erhalten, die nach altem Flanell schmecken – schwer zu sagen, wo der Flanell

aufhört und die Kresse beginnt. Geradezu ideal für die Benutzung in erfrischenden heißen Bädern, wenn Sie den alten Flanell erst einmal losgeworden sind.

SCHOTEN-PFEFFER
Eine winzige, getrocknete, runde Frucht, die Rosa, Rot, Grau, Schwarz oder jede andere Farbe aufweisen kann, mitunter in pulverisierter Form. Kann allen Gerichten beigegeben werden – mit dem Erfolg, daß Sie sich spontan den Mund halten, wild im Raum herumhüpfen und nach Wasser schreien, obwohl die meisten indischen Restaurants beträchtliche Biermengen als Erste Hilfe bereithalten. Wundbrand, Skorbut, Malaria, Lepra und Cholera sind nur wenige Krankheiten, die auch mit Schoten-Pfeffer nicht geheilt werden können. Aber, bei Gott, er läßt Sie sie alle vergessen!